# This Book Belongs To

_____

Thank you for your purchase!  If you enjoyed this book, please drop us a review; it'll help small businesses like ours.

# Life's A Puzzle 1

```
S  R  I  N  E  H  C  E  T  S  T  H  G  Q  F
R  H  S  P  I  R  I  T  U  A  L  L  J  B  T
V  F  E  S  R  Q  E  P  Q  S  R  A  W  C  H
D  D  T  X  E  G  M  H  C  N  R  X  C  H  E
B  E  U  K  S  N  T  X  P  D  T  A  N  O  M
H  B  F  A  M  I  L  Y  H  S  R  K  N  S  I
P  Z  S  O  C  I  A  L  L  E  O  R  O  E  N
T  V  Q  Z  H  C  H  K  E  C  T  M  I  C  D
X  J  A  W  Z  T  E  R  I  W  G  I  T  N  R
N  C  A  Y  R  H  W  K  S  I  R  J  A  A  I
N  M  D  A  A  H  V  O  U  C  V  R  C  N  V
J  E  V  K  Z  G  L  N  R  Z  L  D  U  I  R
Y  E  H  B  Z  S  A  C  E  G  R  L  D  F  K
L  O  V  E  V  V  J  V  E  O  V  U  E  N  F
S  J  X  K  S  S  E  L  F  C  A  R  E  D  E
```

| | | |
|---|---|---|
| CAREER | EDUCATION | ATMOSPHERE |
| FAMILY | FINANCES | GROWTH |
| LEISURE | LOVE | THE MIND |
| SELF CARE | SOCIAL | SPIRITUAL |
| TECH | TRAVEL | WELLNESS |

# Life's A Puzzle 2

```
J  A  G  Z  F  Y  E  G  N  Q  X  F  X  S
G  N  I  K  L  A  T  C  O  J  M  D  P  L
J  X  F  C  E  Q  I  I  I  A  T  Z  M  F
O  S  U  U  M  D  A  R  T  V  L  K  C  H
Y  T  I  L  A  U  Q  E  I  N  R  S  S  J
R  K  Z  T  O  Z  W  B  R  H  E  E  E  X
E  Y  P  U  U  F  V  P  T  Q  K  D  S  F
G  C  Y  R  V  Z  V  U  U  D  E  M  I  T
U  Y  N  E  O  M  A  R  N  T  Q  I  D  H
T  E  T  E  M  W  L  P  P  Y  O  E  K  F
H  D  K  C  I  Z  U  O  L  G  L  P  T  K
G  E  U  Q  I  C  E  S  Z  J  Y  A  X  P
W  O  X  W  D  V  S  E  R  I  T  E  R  C
L  S  T  R  E  N  G  T  H  B  S  A  V  E
```

ART
EQUALITY
IDENTITY
PURPOSE
SCIENCE

TALKING
GOALS
NUTRITION
STRENGTH
TIME

CULTURE
JOY
VALUES
RETIRE
SERVICE

# Life's A Puzzle 3

```
Y  Q  E  M  A  R  R  I  A  G  E  F  C
K  A  M  R  F  O  C  U  S  D  N  D  L
V  X  Y  B  U  Y  I  N  G  I  O  V  K
A  F  S  L  K  T  O  G  N  A  U  T  U
M  E  D  E  G  I  A  G  S  L  T  D  W
F  C  R  Q  S  W  N  N  U  O  D  J  W
E  A  E  S  O  T  D  D  X  G  O  F  D
M  E  A  A  D  R  E  W  N  U  O  R  E
P  P  M  A  G  N  Y  E  Z  E  R  U  J
A  K  S  I  X  I  E  H  M  O  S  J  P
T  E  N  R  E  T  N  I  N  R  N  S  Q
H  N  Z  E  N  W  V  G  R  R  U  S  F
Y  D  Q  W  C  W  R  O  R  F  R  V  F
```

| | | |
|---|---|---|
| AGING | DREAMS | ESTEEM |
| DIALOGUE | KINDNESS | BUYING |
| EMPATHY | FRIENDS | MARRIAGE |
| PEACE | FOCUS | NATURE |
| OUTDOORS | PASSIONS | INTERNET |

# Life's A Puzzle 4

```
C  G  G  E  V  W  B  O  H  I  J  K  A  U  X  P
A  B  N  S  T  N  Q  M  X  U  O  Z  B  S  I  M
W  U  I  I  M  A  H  O  B  B  I  E  S  T  A  Z
J  T  T  A  N  A  V  A  K  Z  W  S  N  C  B  V
T  I  N  O  E  R  E  O  P  V  E  M  O  J  I  I
N  S  E  E  N  R  A  R  N  N  P  R  I  T  Y  W
E  T  R  W  M  O  O  E  D  N  C  E  T  O  D  C
H  S  A  O  V  P  M  L  L  J  I  L  O  J  K  B
F  E  P  J  Z  A  O  Y  P  T  C  I  M  M  L  U
P  R  V  Z  P  B  P  L  H  X  H  G  E  X  Z  W
Z  E  C  U  L  T  U  R  E  E  E  I  V  Y  T  H
L  T  R  T  F  L  J  M  N  V  Q  O  V  J  R  S
M  N  E  N  V  I  R  O  N  M  E  N  T  S  C  Y
J  I  I  R  E  V  P  M  Y  E  C  D  Y  Q  A  B
J  Y  U  G  W  B  I  X  G  B  W  K  K  B  C  W
I  X  S  Z  M  Q  L  C  I  N  L  E  W  Q  M  V
```

BOLDNESS
DEVELOPMENT
EXPLORE
LEARNING
ENVIRONMENT

AUTONOMY
DREAMS
HOBBIES
PARENTING
RELIGION

CULTURE
EMOTIONS
INNOVATE
INTERESTS

# Life's A Puzzle 5

```
H  T  R  O  W  F  L  E  S  G  C  X  L  L  N  T
M  U  Z  X  J  A  T  L  W  L  D  Y  S  E  L  K
O  S  S  E  N  E  U  Q  I  N  U  L  S  V  B  C
C  D  I  A  Z  W  F  U  M  E  D  K  E  I  W  A
F  G  I  L  C  Q  A  D  W  G  C  L  C  S  V  S
R  N  S  S  A  T  N  X  I  X  Y  Y  C  I  J  X
D  O  T  T  C  I  I  I  O  R  V  T  U  O  G  J
I  I  U  N  R  O  R  V  D  H  M  L  S  N  N  C
M  T  N  E  M  E  V  E  I  H  C  A  J  T  T  W
Q  I  A  M  T  S  S  E  T  S  S  Y  F  I  I  U
X  D  I  L  C  J  P  S  R  A  M  O  X  N  W  U
P  A  Z  I  O  C  O  C  N  Y  M  L  I  L  G  L
V  R  H  F  P  T  N  E  A  Q  G  D  S  X  K  C
Q  T  P  L  I  L  E  J  N  Y  U  A  Q  T  U  C
E  E  E  U  N  R  F  W  R  X  Z  O  W  A  K  A
L  N  J  F  G  B  Z  B  B  L  J  E  P  E  U  T
```

ACTIVISM
SUCCESS
FULFILMENT
UNIQUENESS
LOYALTY

GREEN
VISION
TRADITION
ACHIEVEMENT
MATERIALISM

STRESS
DISCOVERY
ETHICS
COPING
SELF WORTH

# Slumber Search 1

```
T  M  P  W  L  U  X  B  T  G  T  C  J  P  G
A  B  B  E  D  S  P  R  E  A  D  M  I  I  R
O  L  C  W  N  N  D  M  Q  Y  X  Y  L  L  U
H  T  J  N  B  L  A  N  K  E  T  N  B  L  D
U  C  L  V  C  R  S  T  E  E  P  O  A  O  R
A  S  V  I  F  G  I  W  S  U  W  N  P  W  A
T  O  Q  D  U  E  M  A  T  T  R  E  S  S  O
G  K  E  A  I  Q  C  M  Y  O  H  H  G  N  B
K  B  A  B  O  W  Q  W  T  Z  L  G  N  D  D
G  L  F  O  O  T  B  O  A  R  D  D  I  C  A
J  T  C  L  N  W  A  N  B  M  U  X  D  N  E
V  U  L  M  G  R  S  M  L  V  B  U  D  J  H
U  I  C  L  Z  C  R  X  E  F  J  G  E  F  K
P  C  O  M  F  O  R  T  E  R  A  H  B  C  P
Q  M  H  L  Y  S  T  E  E  H  S  E  K  V  J
```

BEDDING          BEDFRAME          BEDSPREAD
BLANKET          COMFORTER         DUVET
FOOTBOARD        HEADBOARD         MATTRESS
NIGHTSTAND       PILLOW            PILLOWCASE
QUILT            SHEETS            TABLE

# Slumber Search 2

```
Z  S  A  R  T  X  E  D  E  B  C  E  I  D
U  L  Q  V  B  E  D  C  O  V  E  R  B  Z
P  T  F  S  H  E  E  T  S  E  T  S  M  D
G  R  B  L  C  W  E  H  F  D  M  A  E  Q
V  I  T  S  A  W  B  H  S  U  J  R  M  M
W  K  R  L  N  T  V  E  R  G  U  W  Q  C
K  S  A  I  O  D  S  P  D  U  U  B  G  A
H  D  Y  A  P  E  H  H  O  P  E  N  V  D
N  E  Q  R  Y  Y  D  U  E  D  O  Z  S  D
R  B  H  D  B  H  K  W  S  E  U  S  J  Y
B  K  O  E  E  Q  I  L  J  G  T  B  T  K
E  N  D  B  D  N  A  P  Q  B  L  F  L  C
V  U  H  G  A  T  H  U  C  U  J  J  D  B
C  B  J  P  S  O  M  T  E  R  H  J  F  E
```

| | | |
|---|---|---|
| BED COVER | BED EXTRAS | BED RAILS |
| BED SLATS | BEDPOST | BEDSKIRT |
| BUNK BED | CADDY | CANOPY BED |
| FLAT SHEET | MURPHY BED | NAP |
| SHEET SET | SNUG SHEET | TRAY |

# Slumber Search 3

```
A  T  I  S  S  U  E  T  P  W  H  V  F  Q
Y  H  L  D  E  Y  C  T  X  I  R  L  A  G
F  S  D  F  G  T  H  O  L  K  K  S  N  U
T  L  R  S  A  M  A  J  A  P  P  I  H  D
E  E  E  F  Q  S  R  Z  D  I  G  S  K  X
B  E  S  H  O  H  G  E  L  H  P  V  D  D
C  P  T  M  S  B  E  D  T  I  M  E  O  Q
C  W  Y  V  A  K  R  G  B  A  B  C  S  U
L  E  Q  P  M  E  O  M  F  Y  W  H  F  X
F  A  G  N  T  W  R  O  A  Q  I  F  F  M
Z  R  A  U  N  A  H  D  B  B  N  H  P  H
O  I  G  P  L  E  I  D  H  T  D  N  I  L
S  E  P  A  E  A  M  B  G  G  H  B  A  F
T  J  K  G  S  L  E  E  P  M  A  L  Y  Y
```

| | | |
|---|---|---|
| ALARM | BEDTIME | BOOKSHELF |
| CHARGER | DAYBED | DREAMS |
| FAN | LAMP | NIGHTGOWN |
| PAJAMAS | REST | SLEEP |
| SLEEPWEAR | TISSUE | WATER |

# Slumber Search 4

```
J  G  N  E  I  T  O  R  Z  E  O  Q  U  W  X
E  C  K  M  O  E  D  Q  Y  U  H  M  L  T  D
E  Z  I  S  N  E  E  U  Q  W  R  P  T  H  E
G  P  D  P  B  R  A  D  I  O  U  Z  W  U  B
L  J  E  Y  C  U  K  M  F  S  P  S  A  M  E
V  J  B  E  T  H  Z  T  C  E  L  K  T  I  L
Z  A  E  X  F  E  A  T  H  E  R  B  E  D  G
B  S  L  C  C  L  R  I  E  Z  O  W  R  I  N
C  P  B  A  P  Y  G  P  R  I  R  K  B  F  I
Y  G  U  A  N  H  M  W  O  S  R  V  E  I  S
U  N  O  I  P  A  W  T  S  G  I  Z  D  E  S
R  M  D  K  S  T  H  T  V  N  M  B  P  R  K
Q  B  P  K  J  L  T  T  W  I  N  B  E  D  X
L  L  K  M  G  F  R  O  Z  K  V  X  X  L  O
Z  D  Y  N  Y  N  C  Z  V  J  J  T  Z  N  L
```

| | | |
|---|---|---|
| BABY BED | BELL | CHAIR |
| DOUBLE BED | FEATHERBED | HUMIDIFIER |
| KING SIZE | MIRROR | PLATFORM |
| QUEEN SIZE | RADIO | SINGLE BED |
| SLEEP MASK | TWIN BED | WATERBED |

# Sumber Search 5

```
P  M  D  E  B  L  L  A  W  M  K  Q  T  J
H  E  S  K  Y  K  D  N  Q  T  C  Z  D  B
T  B  W  K  R  E  F  O  A  M  A  T  E  W
W  F  S  F  B  R  L  P  K  P  M  E  B  R
I  U  S  T  X  K  W  Z  F  K  P  R  A  W
N  T  F  F  C  C  K  F  X  A  B  X  F  M
X  O  D  S  T  O  R  A  G  E  E  U  O  N
L  N  P  I  V  M  G  U  J  C  D  O  S  W
Z  B  P  L  V  M  Z  M  G  U  R  V  X  P
R  E  Z  I  N  A  G  R  O  D  Z  N  E  L
J  D  N  X  L  H  N  Q  E  R  S  L  E  M
L  S  C  F  U  L  L  B  E  D  G  O  S  R
K  A  P  Z  P  X  X  C  E  G  R  W  I  H
S  K  R  O  U  N  D  B  E  D  V  H  M  X
```

BEDROOM
FULL BED
LOFT BED
RUG
TV

CAMP BED
FUTON BED
ORGANIZER
SOFA BED
TWIN XL

DIVAN BED
HAMMOCK
ROUND BED
STORAGE
WALL BED

# Truck Talk 1

```
R   O   T   V   N   R   R   F   A   B   R   F

C   P   X   P   W   C   E   I   N   D   V   L

T   O   V   F   L   B   K   E   X   D   N   A

M   A   A   J   V   A   N   U   F   U   Q   T

I   E   N   A   R   C   A   F   K   E   B   B

X   Y   Y   S   P   C   T   N   A   L   R   E

E   F   O   O   D   W   X   L   K   P   U   D

R   T   D   B   L   O   G   G   I   N   G   U

T   P   S   T   B   H   U   C   O   O   E   M

U   G   A   A   J   R   K   L   X   R   T   P

H   N   N   Y   W   U   Z   B   I   O   O   I

K   S   L   D   P   K   W   F   W   G   I   P
```

| | | |
|---|---|---|
| BOX | CRANE | DUMP |
| FIRE | FLATBED | FOOD |
| LOGGING | MIXER | PICKUP |
| REEFER | TANK | TANKER |
| TOW | VAN | WASTE |

# Truck Talk 2

```
S  T  E  P  V  A  N  F  S  T  N  Y  D  Z
E  N  Y  C  R  S  N  O  W  P  L  O  W  Y
M  U  F  K  N  H  D  Z  T  F  X  N  H  M
I  Q  B  E  E  A  E  E  Z  F  W  P  I  T
Q  E  L  Z  T  M  L  K  R  H  X  V  L  B
T  L  R  S  E  M  I  U  A  O  U  O  E  U
J  I  F  W  R  V  V  Y  B  H  M  T  U  C
P  B  L  E  C  G  E  Y  C  M  S  R  F  K
U  O  F  E  N  E  R  L  Y  N  A  S  A  E
U  M  T  P  O  D  Y  L  J  N  W  A  M  T
W  I  C  E  C  R  E  A  M  L  K  A  O  M
B  Z  T  R  M  S  U  Z  O  V  O  F  H  S
F  Z  E  O  L  I  A  M  O  V  I  N  G  B
S  I  W  H  X  H  O  R  S  E  B  O  X  F
```

| | | |
|---|---|---|
| AMBULANCE | ARMORED | BUCKET |
| CONCRETE | DELIVERY | FUEL |
| HORSEBOX | ICE CREAM | MAIL |
| MOBILE | MOVING | SEMI |
| SNOWPLOW | STEP VAN | SWEEPER |

# Bottle It Up 1

```
P  E  M  U  F  R  E  P  F  N  P  P  R
U  M  K  I  A  Z  G  B  H  N  L  G  G
T  A  Q  F  E  D  R  C  Y  B  A  B  Q
U  P  D  H  Y  N  G  L  A  S  S  O  N
D  R  E  E  B  T  I  X  D  W  T  O  R
I  L  H  J  E  X  W  C  W  H  I  D  D
P  A  O  O  C  U  R  P  I  T  C  N  L
Y  T  J  U  I  C  E  M  O  D  Y  E  E
X  X  D  S  Y  Y  T  L  T  Z  E  B  S
X  Q  O  O  P  M  A  H  S  U  O  M  U
L  D  J  Z  C  H  W  R  Y  W  I  V  R
A  R  H  E  Y  D  Q  F  P  L  L  D  J
V  L  T  N  D  K  F  J  K  S  B  W  E
```

| | | |
|---|---|---|
| BABY | BEER | GLASS |
| JUICE | LOTION | MEDICINE |
| MILK | OIL | PERFUME |
| PLASTIC | SHAMPOO | SODA |
| SPRAY | WATER | WINE |

# Bottle It Up 2

```
T  W  T  S  Q  U  E  E  Z  E  Z  Z  Q  V
U  Y  H  N  P  L  A  N  T  O  I  L  T  Y
T  S  O  R  E  K  A  H  S  S  T  W  L  G
S  D  N  B  I  M  X  L  O  H  O  C  L  A
H  O  E  Y  A  K  I  T  X  O  N  V  N  S
Y  P  Y  E  S  O  E  D  R  Y  Q  Q  U  Y
L  I  M  S  E  A  K  T  N  A  H  H  F  R
Y  C  V  V  A  P  U  C  C  O  V  E  B  U
A  K  I  I  G  U  F  C  H  H  C  E  I  P
B  L  R  F  N  X  C  S  E  L  U  G  L  E
O  E  A  V  S  E  B  E  Q  C  K  P  H  Z
C  V  I  L  R  C  G  L  Z  D  Z  L  R  O
Z  P  H  W  D  G  N  A  Q  L  K  D  L  J
M  X  G  N  I  S  S  E  R  D  X  Q  X  R
```

ALCOHOL
HONEY
PICKLE
SHAKER
SYRUP

CONDIMENT
KETCHUP
PLANT OIL
SOY SAUCE
TRAVEL

DRESSING
OLIVE OIL
SAUCE
SQUEEZE
VINEGAR

# Mystery Container 1

```
J  U  Q  D  B  P  O  V  N  S  A  S  S  I  Y
L  A  N  Q  W  C  O  T  X  E  X  T  G  K  T
N  O  R  B  R  O  O  V  O  F  P  X  I  'L  O
G  O  F  A  E  T  W  H  W  K  B  L  M  A  N
T  R  T  G  E  L  L  L  Q  M  O  X  I  Q  Q
E  E  D  R  R  C  T  R  O  N  B  D  P  Q  P
K  S  F  L  A  Z  C  T  T  J  I  N  C  Y  W
C  A  N  S  W  C  K  Z  O  T  I  T  N  L  G
U  J  K  B  R  Q  F  F  H  B  G  M  Z  O  B
B  R  L  G  E  F  U  Z  J  T  P  F  V  V  U
A  P  I  Q  P  O  T  C  B  T  F  B  O  X  R
B  L  G  S  P  I  L  L  A  E  C  O  O  U  S
B  T  H  C  U  O  P  F  Z  Z  B  T  Y  Z  I
M  C  X  Y  T  G  K  C  M  S  S  E  P  B  L
P  L  F  X  N  L  P  S  W  C  M  C  Y  E  A
```

| | | |
|---|---|---|
| BAG | BIN | BOTTLE |
| BOX | BUCKET | CAN |
| CARTON | CASK | CRATE |
| JAR | PILL | POUCH |
| TIN | TOTE | TUPPERWARE |

# Mystery Container 2

```
Y  J  B  H  W  U  S  B  A  R  Z  O
E  T  L  I  Y  R  F  Y  D  K  L  Z
F  V  U  F  Z  Z  E  O  S  P  M  L
A  X  E  B  L  T  B  L  C  P  H  W
R  C  L  R  E  A  R  R  B  F  O  C
A  J  U  G  S  E  S  A  V  M  K  A
C  E  T  P  A  B  R  K  Y  V  U  N
I  O  Z  S  C  R  H  J  Y  I  R  T
P  I  M  T  E  K  S  A  B  M  S  E
H  S  X  L  D  H  I  N  O  U  U  E
Q  W  Z  R  M  S  C  O  W  K  L  N
K  K  D  X  G  O  U  A  L  S  I  H
```

| | | |
|---|---|---|
| BARREL | BASKET | VASE |
| POT | CHEST | CASE |
| TRAY | BOWL | CUP |
| TUBE | CARAFE | FLASK |
| JUG | CANTEEN | TUMBLER |

# Answer The Phone

```
K  G  I  P  Z  H  E  K  A  J  L  I  H  O  B
M  R  C  I  P  F  D  K  U  P  A  G  Z  T  Q
I  A  H  O  X  C  Y  U  K  H  G  L  U  X  L
M  B  K  V  R  L  C  I  S  A  B  P  N  W  T
E  P  N  N  O  D  Q  V  N  B  I  T  H  A  M
C  D  I  N  X  R  L  L  K  L  D  J  R  T  I
J  K  J  I  F  D  B  E  F  E  M  K  U  E  S
M  X  M  G  E  Q  N  U  S  T  H  S  N  R  L
W  U  F  G  W  I  C  P  S  S  C  O  H  P  A
W  J  G  E  L  H  G  V  M  I  H  S  W  R  U
K  U  R  D  A  O  U  K  C  P  N  B  Q  O  D
R  T  N  S  A  T  E  L  L  I  T  E  B  O  L
Y  A  E  L  G  E  U  L  B  A  K  K  S  F  Y
L  O  R  D  G  W  E  R  B  U  I  E  P  S  N
W  L  F  N  D  C  W  Z  E  O  G  D  W  M  W
```

| | | |
|---|---|---|
| BAR | BASIC | BUSINESS |
| CELL PHONE | CORDLESS | DUAL SIM |
| FEATURE | FLIP | LANDLINE |
| PHABLETS | QWERTY | RUGGED |
| SATELLITE | VOIP | WATERPROOF |

# Astronomy 1

```
A  V  O  N  R  E  P  U  S  A  K  D  Z  J
U  L  A  I  T  S  E  L  E  C  C  L  S  W
V  B  T  R  F  J  K  S  C  O  W  A  U  R
X  F  D  W  O  G  R  Z  M  N  L  B  I  V
W  G  L  N  A  E  M  E  J  U  T  P  Z  Y
R  F  J  G  V  L  T  S  B  S  X  Q  U  X
J  O  S  I  A  O  U  E  Z  Z  Y  D  Y  R
Z  K  N  S  R  H  N  Y  M  S  K  O  F  Z
P  U  X  E  S  K  A  Y  T  Y  T  R  O  L
S  L  X  D  Y  C  X  I  O  D  A  A  P  V
O  N  A  L  I  A  K  M  A  Z  A  L  R  G
T  A  T  N  L  L  S  B  B  N  O  O  M  O
L  B  I  A  E  B  W  Y  D  V  E  S  W  R
D  H  G  A  S  T  E  R  O  I  D  B  U  S
```

| | | |
|---|---|---|
| ASTEROID | BLACK HOLE | CELESTIAL |
| COMET | DESIGN | GALAXY |
| METEOR | MOON | NEBULA |
| PLANET | SOLAR | STAR |
| SUN | SUPERNOVA | UNIVERSE |

# Astronomy 2

```
D  P  P  X  D  P  Y  C  L  X  A  J  P  R  Q
F  X  P  O  X  T  N  Y  H  N  H  U  X  A  Y
Y  O  I  S  F  Y  F  C  C  R  U  N  L  E  R
E  T  I  L  L  E  T  A  S  C  G  Y  H  Y  E
U  T  I  H  I  A  S  T  R  O  N  A  U  T  M
V  W  I  V  W  D  B  E  R  C  V  G  U  H  O
X  K  X  Y  A  F  N  L  G  Q  E  I  Z  G  N
X  P  K  J  J  R  Y  E  F  T  W  C  I  I  O
S  S  U  H  S  O  G  S  Z  R  L  W  A  L  R
P  A  B  U  P  F  B  C  C  O  F  K  V  P  T
R  M  Y  B  A  F  I  O  W  T  Q  U  W  A  S
A  G  E  B  C  E  S  P  I  L  C  E  H  P  A
D  J  K  L  E  M  D  E  A  D  J  N  R  A  H
U  C  J  E  I  H  Z  V  S  Z  A  K  O  P  U
U  L  B  C  S  Y  T  I  B  R  O  R  N  L  G
```

| | | |
|---|---|---|
| ASTRONAUT | ASTRONOMER | AU |
| COSMIC | ECLIPSE | GRAVITY |
| HUBBLE | LIGHT YEAR | ORBIT |
| RADIO | SATELLITE | SKYWATCH |
| SPACE | SPACECRAFT | TELESCOPE |

# Astronomy 3

```
Z  T  F  I  H  S  D  E  R  D  W  H  H  H
X  N  Q  E  D  V  F  S  Y  S  O  I  B  M
C  L  U  S  T  E  R  X  X  B  R  Q  G  B
O  V  K  N  M  D  X  A  W  O  B  D  R  L
S  S  J  C  I  C  X  O  N  Z  O  A  R  U
M  O  V  H  L  B  L  X  P  U  L  I  R  E
I  L  U  R  K  G  G  A  O  L  L  W  E  S
C  S  S  U  Y  R  A  T  E  N  A  L  P  H
R  T  D  Y  W  T  K  T  Z  R  I  N  M  I
F  I  Y  Y  A  R  S  O  F  I  E  U  E  F
Y  C  Q  G  Y  E  D  G  K  N  O  D  Q  T
C  E  J  H  S  I  I  S  Y  A  R  V  I  E
N  S  G  N  A  B  G  I  B  P  B  Q  F  S
Q  K  O  C  V  I  H  N  M  Y  V  V  H  U
```

| | | |
|---|---|---|
| BIG BANG | BLUE SHIFT | CLUSTER |
| COSMIC | EQUINOX | EXOPLANET |
| LUNAR | MILKY WAY | PLANETARY |
| RAYS | REDSHIFT | SIDEREAL |
| SOLSTICE | STELLAR | ZODIAC |

# Cooking Challenge 1

```
Y  R  P  U  Q  D  C  M  T  Y  E
O  U  I  O  I  J  W  Y  G  E  L
F  R  Y  T  H  E  V  R  C  C  I
Y  N  K  G  S  C  K  I  P  I  O
A  L  B  R  O  I  L  A  G  D  B
F  Z  X  A  K  S  M  B  B  V  J
C  E  T  U  A  S  I  M  L  F  I
Z  A  O  E  S  K  X  E  E  U  R
H  B  N  U  E  A  E  J  N  R  O
O  W  O  V  J  P  O  Z  D  C  N
S  A  W  Z  K  P  N  R  G  V  T
```

| | | |
|---|---|---|
| BAKE | BLEND | BOIL |
| BROIL | CHOP | DICE |
| FRY | GRATE | MIX |
| PEEL | ROAST | SAUTÉ |
| SIMMER | SLICE | STIR |

# Cooking Challenge 2

```
C  M  H  X  R  D  W  T  J  A  N  T  H  R  A
K  A  E  S  I  A  R  B  D  R  G  W  Q  E  T
I  R  R  Z  I  E  G  F  E  B  Q  R  I  Z  X
F  I  V  A  P  N  M  Z  H  C  U  Z  I  A  L
R  N  N  H  M  K  R  O  X  U  U  B  H  L  W
W  A  S  P  X  E  Z  A  L  G  E  D  V  G  L
D  T  T  W  O  J  L  I  G  M  D  M  E  H  G
D  E  M  N  J  A  O  I  N  E  X  O  L  R  G
Z  O  U  O  L  B  C  B  Z  B  W  L  F  U  F
L  R  U  S  R  T  F  H  D  E  H  H  D  M  M
G  C  X  A  P  Z  V  Y  B  H  U  C  I  F  H
M  Z  P  E  Y  F  P  F  J  V  K  N  R  P  W
U  E  X  S  R  C  P  L  W  K  C  D  O  K  H
A  K  Y  L  J  H  U  M  A  E  T  S  U  C  F
R  A  G  Y  F  O  Z  Q  O  X  N  T  A  V  E
```

| | | |
|---|---|---|
| BRAISE | CARAMELIZE | DEGLAZE |
| GARNISH | GLAZE | GRILL |
| KNEAD | MARINATE | MINCE |
| PARBOIL | POACH | REDUCE |
| SEASON | STEAM | WHIP |

# Cooking Challenge 3

```
P  D  N  I  R  G  X  M  G  G  G  B
R  I  N  F  U  S  E  M  D  K  T  B
O  B  N  D  L  S  E  A  R  S  Q  D
O  S  R  A  C  A  I  L  E  Z  T  A
F  H  X  I  N  Z  M  Z  D  Q  F  L
K  D  C  E  N  L  Z  B  G  D  F  Q
E  Y  Q  N  R  E  P  M  E  T  U  C
F  N  X  O  A  J  W  X  R  Q  T  M
M  Q  M  B  Q  L  B  J  W  W  S  E
P  U  R  E  E  P  B  F  X  I  Z  H
D  D  B  D  F  E  R  M  E  N  T  P
T  P  A  U  J  T  Z  S  G  D  D  F
```

| | | |
|---|---|---|
| BLANCH | BRINE | DEBONE |
| DREDGE | FERMENT | FLAMBE |
| GRIND | INFUSE | MUDDLE |
| PROOF | PUREE | SEAR |
| STUFF | TEMPER | ZEST |

# Have Fun 1

```
V  Y  E  N  T  E  R  T  A  I  N  J  P  E
A  F  U  N  F  C  X  E  M  H  L  B  N  T
P  P  J  C  J  I  E  H  X  D  R  F  H  A
K  W  F  O  S  O  I  N  T  C  E  G  H  R
H  A  N  T  K  J  Y  P  H  V  I  N  N  B
F  L  E  R  H  E  N  E  Y  L  O  T  O  E
N  G  L  D  P  R  E  E  E  O  L  X  E  L
Q  P  I  K  A  R  I  D  N  A  M  U  S  E
Y  L  M  L  N  N  X  L  U  A  U  Z  M  C
J  K  S  Y  N  H  C  G  L  Q  Y  H  I  Y
S  F  D  O  G  E  H  E  S  U  D  L  W  R
S  T  E  B  N  M  F  Q  S  U  O  J  N  F
P  L  A  Y  V  Z  G  P  J  R  U  P  B  T
H  F  T  M  Y  U  G  T  F  E  X  W  N  Q
```

| | | |
|---|---|---|
| AMUSE | CELEBRATE | CHEER |
| DANCE | DELIGHT | ENJOY |
| ENTERTAIN | EXCITE | FROLIC |
| JOKE | LAUGH | PLAY |
| REJOICE | SMILE | THRILL |

# Have Fun 2

```
C  C  O  E  F  G  W  A  P  G  X  N  E  H  X
I  E  R  O  X  Q  Y  G  Z  Y  A  D  G  Z  V
E  P  E  U  E  M  I  T  Y  A  L  P  U  V  D
P  L  C  N  G  Q  F  H  R  E  E  L  G  D  I
J  E  R  U  T  N  E  V  D  A  R  H  Y  B  O
D  A  E  E  F  H  I  A  N  U  P  T  Z  E  B
S  S  A  W  F  P  U  V  W  B  I  L  G  M  I
U  U  T  V  D  F  Y  S  O  V  K  Q  O  Z  Z
N  R  I  U  P  V  J  G  I  L  U  J  W  O  L
B  E  O  H  S  A  E  T  E  A  N  C  K  Z  P
A  X  N  C  W  E  S  T  C  R  S  U  V  Q  W
T  B  J  T  N  E  M  I  R  R  E  M  F  M  G
H  O  V  I  F  L  H  A  P  A  R  T  Y  Z  Q
E  R  O  L  P  X  E  J  G  L  A  K  D  C  E
A  Q  V  Z  Z  U  Z  N  O  N  O  P  I  Q  S
```

| | | |
|---|---|---|
| ADVENTURE | ENTHUSIASM | EXPLORE |
| FESTIVITY | FUN LOVING | GAMES |
| GLEE | MERRIMENT | PARTY |
| PLAY TIME | PLEASURE | POOL PARTY |
| RECREATION | RELAX | SUN BATHE |

# City Lights 1

```
H  P  R  J  L  Q  H  C  Z  V  C  P  H  Q  C  C  B
D  W  Q  F  Y  C  R  T  C  P  D  H  E  A  O  Q  V
M  J  J  C  X  N  I  R  A  F  X  J  Q  S  B  V  M
W  G  I  J  X  N  A  F  V  E  A  Z  H  I  B  Q  U
Z  D  Y  I  Y  V  W  I  F  R  G  D  B  L  H  N  N
S  O  Q  B  N  J  Y  O  R  A  U  R  R  O  R  V  I
K  O  S  R  E  T  J  R  T  T  R  B  O  P  P  N  C
Y  H  T  U  Y  F  E  D  H  N  S  T  H  O  D  M  I
L  R  D  B  U  X  U  R  L  F  W  E  Y  R  G  R  P
I  O  E  U  U  T  N  A  S  F  R  O  D  T  G  C  A
N  B  X  S  X  F  E  V  U  E  B  O  D  E  I  Z  L
E  H  D  Z  A  Z  V  E  O  R  C  V  O  M  P  C  I
R  G  E  R  O  T  A  L  R  W  B  T  A  Y  H  G  T
V  I  L  M  T  M  Z  U  B  T  C  A  I  S  S  R  Y
Y  E  I  K  W  V  P  O  G  X  S  B  N  O  L  V  W
K  N  L  M  M  Q  O  B  B  K  R  A  M  D  N  A  L
Z  O  Q  V  Q  C  I  N  X  D  E  N  W  G  M  C  N
```

AVENUE
DOWNTOWN
METROPOLIS
PEDESTRIAN
SUBURB

BOULEVARD
INTERSECTION
MUNICIPALITY
SKYLINE
TRAFFIC

CITY TRAFFIC
LANDMARK
NEIGHBORHOOD
STREET
URBAN

# City Lights 2

```
S  L  R  R  T  O  Y  L  M  Q  N  R  L  I  D  P  T  P  X
P  E  V  Z  Y  R  M  V  J  N  X  P  T  A  C  L  H  S  O
X  U  C  O  J  E  H  P  N  B  K  I  R  B  P  C  O  W  T
W  G  R  I  U  S  D  K  L  T  W  C  E  U  C  C  Z  A  W
X  Z  T  Z  V  I  M  G  V  P  A  R  K  C  I  V  I  C  L
D  O  B  V  N  R  A  D  L  L  A  H  Y  T  I  C  J  R  P
G  D  Z  C  P  H  E  J  V  U  U  H  Y  U  N  W  N  D  V
E  I  R  T  B  G  T  S  F  V  I  N  D  J  V  J  F  K  Q
D  S  E  Q  G  I  V  C  C  B  O  R  B  S  P  X  N  T  D
Y  J  T  E  J  H  T  X  I  I  F  T  L  X  Y  N  O  L  Q
R  L  N  V  R  O  C  N  S  R  L  U  M  K  C  F  E  C  O
K  E  E  X  R  A  K  E  K  X  T  B  Y  D  O  C  D  L  L
X  V  C  K  K  Z  U  V  M  R  P  S  U  N  M  Q  R  M  C
E  N  Y  R  W  I  Q  Q  W  T  B  Y  I  P  M  B  U  D  M
S  S  T  F  G  W  E  D  S  L  O  Y  Y  D  U  N  A  C  T
N  O  I  T  A  Z  I  N  A  B  R  U  T  Z  N  A  O  H  B
E  L  C  I  T  Y  S  C  A  P  E  I  A  D  I  O  O  I  R
V  V  L  B  H  Y  O  T  H  T  T  E  O  T  T  S  J  E  F
S  M  A  Z  A  L  P  R  E  P  A  R  C  S  Y  K  S  J  J
```

CITY CENTER
CITYSCAPE
DISTRICT
PARK
SKYSCRAPER

CITY HALL
CIVIC
HIGHRISE
PLAZA
SQUARE

CITY NOISE
COMMUNITY
LOCAL
PUBLIC SERVICES
URBANIZATION

# New York City 1

```
V W F Y O Y N S V D B S I H R N A X B
P J S S J D L Q E P E Q Z S U K E H L
Z U I P Y S D N D F C S P W F P U B X
M A E H H T H E B R O N X J P Z R L J
C V O T A E R W P C B E F Y E O K Y W
Z T W W U Z H E O W H E H T O A M Q T
D J B D W H D B U Z U U K P S J E I
N Z F R U W G K D I A Q L R T P W T M
I W I S O M G S M D L Y W A Z A M Z E
F F F N J A O P B V N Y T P L R W N S
L T T Z I N D V E I P E D L H T E H S
B F H X R H R W U S N W S A B L P J Q
J P A I P A C G A I C T H R L Z D K U
K V V F Y T K I S Y R E M T J B W K A
F E E S A T R L F E W C P N N V P C R
R J N L Y A A U E T A T S E R I P M E
E V U E N N Z T E Z M I U C Z F I U P
K X E G D I R B N Y L K O O R B Q H M
F S B G O F T M S K M Y F S P D Y B O
```

BROADWAY
CENTRAL PARK
HUDSON RIVER
MSG
THE BRONX

BROOKLYN
EMPIRE STATE
LADY LIBERTY
QUEENS
TIMES SQUARE

BROOKLYN BRIDGE
FIFTH AVENUE
MANHATTAN
STATEN ISLAND
WALL STREET

# New York City 2

```
K Q X S I Z N B B U J A K W H J R G Q S H
E Q P Z W H C J G M E Q O U U Y R O S N L
X F G N X O H G S A G T X L N C L F Y O E
J T R V N W H M U X R O R R'U I W W C L S
C H V A M X K S V R E B E G T B Q Y M S S
B G E O S Z P J Y B E T L T V T M Y Q G E
J R M Z O E O M Z A N L L A E W L A V V V
S A N U L A B L H E W E L U V G M A Y O E
J N L S A H R G C Z I D M E L R A H B K H
A D O O Z G S H T C T A G F B H X B E T
V C Z W O V Y U A H K H O Z E I Z U K O
S E D J X A Z L S W V U E E R V K W W C A
Y N N O L N Y V A A I O R F M B W C X C C
F T V C D I Z E N I L H G I H E H T O H X
A R R J Y A Z O T T L S Z F A W T F I R Q
P A Y A N K E E S T A D I U M K X N X J Q
B L B T P N Z M X O G T T H I U A W X C O
R Z O D V D C K Y T E S E U H T Y J B M N
M J Z B H S X Q Z Q G P N W O Y F S B O W
M T U A Q V F O E Z I L E W T C W O E V U
W E E C O N E Y I S L A N D F V G O H X A
```

BARCLAYS CENTER
CONEY ISLAND
HARLEM
ROCKEFELLER
THE VESSEL

BROADWAY SHOWS
GRAND CENTRAL
LITTLE ITALY
THE HIGH LINE
WTC

CHINATOWN
GREENWICH VILLAGE
MOMA
THE MET
YANKEE STADIUM

# New York City 3

```
U T B Y N E F B K O H J X L B S K F V C Y
B B E C R E O F G K J E C Q U X U D S Q Y
G O V B A W I B Q V W C S X H N A C Z Q T
F U T N A K I X P S Y N J K Z N J D X Y I
T Z N A T U R A L H I S T O R Y R D B K C
I K B U N I T E D N A T I O N S H Q A T O
R I M A D I S O N A V E N U E E Z I T F I
F G N N W M C F O X P K G R H J J M T J D
F Z Y Y R U H A J Z C L E I C C I W E W A
W G P C N E Z D L N X T I D U E E H R L R
J X L S S N R G A N T V H T L C Y F J
A W I U L S N A E A G O N D D J Y P V E
A O B B H M V B H D D R E R Q W U L A Y X
J D R W M N Z T X H J G D N B X K B R D J
Q L A A U Y O V A W G P J E G R B Y K R I
C H R Y S L E R B U I L D I N G M L E E S
B Y Y X L K I V G R C I T M C W M O L U H
G X M O L O A R I R E V Z O E T T P Z N T
I B P Y Z O X M H V I E G P C Q N S O F T
T A H M P R U T W Q W T V R L S F S G K K
I K O T S B A C W O L L E Y Y S A M H A R
```

APOLLO THEATER    BATTERY PARK    BOTANICAL GARDEN
BRONX ZOO    BROOKLYN MUSEUM    CHRYSLER BUILDING
GUGGENHEIM    MADISON AVENUE    NATURAL HISTORY
NYC SUBWAY    NYP LIBRARY    NYSE
RADIO CITY    UNITED NATIONS HQ    YELLOW CABS

# The Big City 1

```
Z  L  W  E  H  C  X  I  U  Y  S  N  P  S  R  V  N
U  U  C  L  L  E  G  A  S  J  H  Q  H  H  N  I  Y
F  L  W  L  M  C  Y  U  P  S  U  M  O  N  I  U  Q
O  C  S  I  C  N  A  R  F  N  A  S  E  J  S  N  P
Q  H  F  V  A  V  G  G  Q  H  I  N  N  N  U  X  V
K  I  I  N  D  I  A  N  A  P  O  L  I  S  H  L  Y
B  C  L  O  E  X  H  E  F  I  W  N  X  N  V  L  M
P  A  N  S  Y  W  C  P  N  X  B  O  O  O  S  S  Q
U  G  W  K  E  J  Y  O  L  Q  O  T  W  Z  A  B  Z
J  O  U  C  R  L  T  O  L  E  S  V  D  L  N  K  S
E  V  O  A  L  N  E  O  R  U  D  N  L  I  U  Z  R
F  S  Y  J  A  I  L  G  O  K  M  A  M  U  E  V  I
O  S  O  N  U  T  Y  H  N  I  D  B  L  Q  H  L  K
V  A  A  J  B  S  Q  M  T  A  G  L  U  I  P  P  Y
E  S  K  T  N  U  D  K  T  Y  S  L  W  S  H  R  Y
E  V  I  E  S  A  N  D  I  E  G  O  E  U  O  P  O
R  V  K  J  N  X  S  G  R  G  H  S  L  C  D  K  H
```

| | | |
|---|---|---|
| AUSTIN | CHICAGO | COLUMBUS |
| DALLAS | HOUSTON | INDIANAPOLIS |
| JACKSONVILLE | LOS ANGELES | NEW YORK |
| PHILADELPHIA | PHOENIX | SAN ANTONIO |
| SAN DIEGO | SAN FRANCISCO | SAN JOSE |

# The Big City 2

```
V  M  E  M  P  H  I  S  M  I  Q  K  S  S  F
X  O  T  R  N  L  A  S  V  E  G  A  S  Q  I
I  H  E  O  O  O  F  E  L  O  M  W  E  P  A
T  V  T  F  J  M  T  L  O  W  Q  T  K  H  Z
D  I  S  R  M  I  I  G  R  D  T  W  K  O  C
E  I  O  G  O  V  Q  T  N  O  E  E  G  Q  Q
P  C  W  R  S  W  U  M  L  I  O  N  N  N  A
O  D  R  I  T  E  T  R  S  A  H  A  V  M  P
R  F  U  H  J  E  A  R  M  G  B  S  O  E  K
T  O  P  L  W  H  D  H  O  O  I  H  A  L  R
L  S  P  K  C  H  L  B  S  F  A  V  A  W  R
A  A  F  I  B  F  N  T  V  L  J  I  J  Q  A
N  P  B  P  F  A  O  F  K  T  H  L  S  E  S
D  L  A  O  R  N  G  O  R  I  K  L  H  S  X
L  E  R  D  S  E  A  T  T  L  E  E  J  T  L
```

BALTIMORE

BOSTON

CHARLOTTE

DENVER

DETROIT

EL PASO

FORT WORTH

LAS VEGAS

LOUISVILLE

MEMPHIS

NASHVILLE

OKLAHOMA

PORTLAND

SEATTLE

WASHINGTON

# Have A Seat 1

```
M  R  O  X  U  C  L  U  B  B  H  S  I  B
L  N  E  T  K  O  H  D  N  Q  O  T  L
I  U  A  B  F  C  W  A  O  V  N  E  Q
T  D  P  S  R  B  A  O  I  E  I  T  E
K  I  Q  M  A  A  Q  B  C  S  V  R  M
O  N  Y  B  R  P  B  C  G  Y  E  O  G
A  I  L  H  M  X  A  K  V  N  C  N  G
G  N  I  K  C  O  R  P  I  Z  I  S  A
M  G  J  U  H  H  F  L  U  D  W  W  M
J  B  R  C  A  E  C  F  L  R  C  I  I
K  G  G  V  I  E  U  O  I  L  D  V  N
B  K  U  F  R  Y  F  U  X  C  G  E  G
E  G  N  U  O  L  H  M  S  Y  E  L  M
```

ACCENT           ARMCHAIR          BARBER
CHAISE           CLUB              DINING
FOLDING          GAMING            LOUNGE
OFFICE           PAPASAN           RECLINER
ROCKING          SWIVEL            WINGBACK

# Have A Seat 2

```
R I A H C T S O H G R T P K A W J K S
A K M P L Y A Z R H U J K L G W W F O
R J T A J B M I W H E E L C H A I R T
L O O T S R A B L Q O U U V X R E D W
N O S E Y H R L E S S J Y S O K F W W
J J M T C Z W I L A R A S T O O L B X
B V H H F Q D O A C M T S O X G U I U
R J G E T L U S O H H E G Y S B J R M
V I F L N I S J S R C A S X B B M I G
H W U R Y C K F O A B R I L H E B A X
S S V W D C A N K N I Q E R O B Q H Z
I D J E O D E M A R Y C O K I U B C T
J V Y M J C I E I M H Q W J C T N G B
F Y M E H U B E I A R V E Y T I X G S
S A V A B O A D I R O N D A C K W E E
H R I A H C S R O T C E R I D N Y V N
X R N R M C C W O Z P U H Q E Z Z C N
E S R J Z Q L F X A H A W P L B M Q Q
M D I E W T X F D V P E H T M Q P O W
```

ADIRONDACK

BEAN BAG

EAMES LOUNGE

HAMMOCK

THRONE CHAIR

BALL CHAIR

BUBBLE CHAIR

EGG CHAIR

HIGH CHAIR

WHEELCHAIR

BAR STOOL

DIRECTORS CHAIR

GHOST CHAIR

STOOL

WICKER CHAIR

# Have A Seat 3

```
Y  K  I  B  A  R  C  E  L  O  N  A  U  O  V  M
E  W  W  L  J  Q  T  U  F  E  D  E  J  H  Y  Q
N  L  I  J  R  O  C  K  I  N  G  A  R  T  Q  P
O  T  V  G  T  L  G  I  Y  O  U  D  I  C  H  N
R  I  A  B  L  W  N  M  E  Y  U  V  A  C  B  G
H  O  Y  M  L  B  I  B  G  U  A  P  H  U  E  W
T  Q  S  E  G  H  L  K  Z  R  C  H  C  G  W  P
R  K  U  D  S  X  S  G  G  T  C  K  E  X  C  E
R  V  X  I  N  S  M  O  J  G  E  V  L  D  I  A
L  U  X  T  O  I  R  E  N  T  N  F  B  L  G  C
U  M  H  A  Z  E  W  I  D  F  T  P  B  A  U  O
R  U  I  T  Z  M  T  P  P  N  W  T  U  Y  P  C
R  P  S  I  B  S  N  O  S  R  A  P  B  R  A  K
C  B  Y  O  E  U  E  E  I  L  P  T  B  F  K  A
D  C  A  N  T  I  L  E  V  E  R  F  K  L  C  L
Y  I  M  X  T  L  K  N  G  C  T  C  X  A  W  C
```

| | | |
|---|---|---|
| ACCENT | BARCELONA | BUBBLE CHAIR |
| BUCKET | CANTILEVER | MEDITATION |
| NESTING | PARSONS | PEACOCK |
| ROCKING | SLING C | TANDEM |
| THRONE | WINDSOR | ZERO GRAVITY |

# Excursions 1

```
Y H P A R G O T O H P O P M Q W W J C
W D G E D U C A T I O N A L X C P E Y
K R V E V V I R R T P H J J M U K M F
M F N C I L E G U Z U A C L A L W Q J
A D C O O H J N S O E A A P R T A U K
R Y J T I I I M T K T D S U W U F A B
N C A O Q S T E I U S E O Q J R T O M
I Y Z U M T R H S L R T N B N A J L O
I Y V S O E U I I Y E R I W L Z H F
W J P P L R N G C R U Q T N W T R D W
X B S X U I L G A X W R Z O I O O R C
X H H T I C O N X M E F C C U U Y Z Z
V C A O L A I I A G I H I T T R K D T
Y N G C M L C P H N N R C S A N V O A
Y K F Z U T F P W I A N G A N O O Z K
X E C C M O I O M F O B Z L E K B Z Y
V D V Z R U K H A M Z K W X I B Y T O
D B D F N R J S L D F N I V F P K T I
W X X H C S R U O T Y T I C Y V V A V
```

ADVENTURE TOUR

BEACH EXCURSION

BOAT CRUISE

CITY TOURS

CULINARY TOUR

CULTURAL TOUR

ECO TOUR

EDUCATIONAL

HISTORICAL TOUR

NATURE HIKE

PHOTOGRAPHY

PILGRIMAGE

SAFARI

SHOPPING

WINE TOUR

# Excursions 2

```
K  M  S  E  K  M  R  R  E  E  T  N  U  L  O  V  S
I  I  U  L  G  N  I  L  E  K  R  O  N  S  X  G  C
F  K  N  U  P  K  P  Y  R  A  M  I  D  T  O  U  R
W  G  S  Y  G  O  E  R  U  H  G  I  N  N  A  I  I
S  S  E  N  L  L  E  W  X  H  O  T  R  I  M  D  L
E  P  T  O  V  W  I  K  T  O  K  N  K  G  R  E  C
R  G  C  V  G  V  I  C  F  Y  N  E  V  H  P  D  C
S  N  R  O  X  R  R  D  K  Z  A  M  S  T  K  T  O
L  I  U  I  M  U  A  A  J  Q  I  T  F  T  I  O  D
T  V  I  Z  I  Z  F  P  V  B  V  A  J  O  K  U  V
U  I  S  S  G  X  A  X  H  V  R  E  D  U  S  R  K
D  D  E  Z  S  W  S  W  J  I  N  R  Y  R  R  E  E
A  Y  S  P  O  R  T  S  E  I  C  T  T  S  E  B  I
S  K  I  T  E  Z  H  G  L  Q  J  A  T  L  T  F  E
B  S  J  M  C  O  G  P  H  V  W  P  L  R  A  T  V
K  V  I  O  D  E  I  H  W  Q  N  S  D  M  W  S  G
T  Z  A  C  D  Z  N  X  Y  R  I  F  P  T  K  K  M
```

GEOGRAPHICAL        GUIDED TOUR        NIGHT CRUISE
NIGHT SAFARI        NIGHT TOURS        PYRAMID TOUR
SKYDIVING           SNORKELING         SPA TREATMENT
SPORTS              SUNSET CRUISE      VOLUNTEER
WATER SKI           WELLNESS           ZIP LINE

# Theme Park 1

```
Y  N  X  D  J  N  I  Z  A  X  K  P  R  Q  E  F  N  X
C  L  D  H  B  W  Y  D  U  E  U  V  S  N  L  S  P
L  E  N  R  A  B  C  Z  M  A  E  V  E  E  W  W  I  N
H  S  L  E  E  H  W  S  I  R  R  E  F  D  D  Q  A  M
O  U  E  K  I  T  H  P  S  V  Y  P  X  I  U  X  E  L
T  O  V  Y  I  J  S  F  S  W  O  T  Y  R  Y  D  C  S
O  R  T  D  F  D  H  A  I  E  B  W  R  L  I  J  M  K
H  A  U  N  T  E  D  H  O  U  S  E  A  L  B  E  F  M
C  C  O  A  P  N  C  I  N  C  N  Y  S  I  R  D  T  W
P  J  O  C  P  J  I  U  E  M  R  R  H  R  M  X  P  B
S  Y  P  N  Y  T  M  E  N  R  E  E  Y  H  J  G  C  Y
T  E  P  O  N  C  M  U  D  T  I  G  L  T  L  J  Z  Q
E  E  A  T  G  S  Q  A  A  A  O  D  D  L  K  U  S  S
K  W  W  T  K  M  U  W  N  R  C  P  E  I  O  D  E  E
C  K  A  O  Z  I  Z  Z  O  J  J  R  V  S  W  R  A  M
I  G  N  C  E  G  I  U  I  E  W  F  A  C  F  C  N  A
T  E  S  U  O  H  N  U  F  V  Y  R  A  B  L  U  L  G
E  S  D  X  O  D  S  R  A  C  R  E  P  M  U  B  O  U
```

| | | |
|---|---|---|
| ADMISSION | ARCADE | BUMPER CARS |
| CAROUSEL | COTTON CANDY | FERRIS WHEEL |
| FUN HOUSE | GAMES | HAUNTED HOUSE |
| KIDDIE RIDES | MERRY GO ROUND | ROLLER COASTER |
| THRILL RIDES | TICKETS | WATER SLIDE |

# Theme Park 2

```
U  G  S  P  L  A  S  H  P  A  D  O  K  B
U  O  F  B  K  C  K  F  U  N  F  A  I  R
D  K  E  W  J  S  R  I  Q  B  A  N  C  A
R  A  R  S  E  D  A  R  A  P  S  B  D  B
L  R  F  A  A  T  P  D  W  L  T  M  M  W
P  T  M  K  P  C  E  F  I  I  P  A  E  F
O  S  N  S  X  R  M  V  F  O  A  E  M  H
P  Z  S  O  U  V  E  N  I  R  S  R  U  K
C  G  A  S  H  S  H  T  G  C  S  C  L  U
O  V  S  G  H  S  T  B  A  Y  Q  E  F  D
R  E  W  O  T  P  O  R  D  W  I  C  G  U
N  P  W  O  H  Q  R  W  A  H  R  I  O  R
D  S  B  I  F  L  O  G  I  N  I  M  L  T
R  H  M  A  S  C  O  T  S  S  P  O  Q  L
```

| | | |
|---|---|---|
| DROP TOWER | FAST PASS | FUNFAIR |
| GO KARTS | ICE CREAM | LIVE SHOWS |
| LOG FLUME | MASCOTS | MINI GOLF |
| PARADES | POPCORN | SOUVENIRS |
| SPLASH PAD | THEME PARK | WATER PARK |

# Workplace Buzz 1

```
K  Y  N  A  P  M  O  C  P  C  C  K  C  C  T  S  D
V  H  B  J  B  C  V  X  E  M  Q  F  Q  Z  R  D  K
P  L  V  L  F  O  P  F  F  M  J  M  C  O  C  Q  Q
P  P  F  Z  I  T  J  P  C  O  P  O  P  R  R  H  N
D  K  A  F  D  R  F  T  J  T  F  L  W  K  N  K  C
Z  T  N  E  M  Y  O  L  P  M  E  W  O  B  P  S  F
E  S  P  W  C  O  W  O  R  K  E  R  R  Y  P  T  R
Z  W  F  J  L  O  E  K  D  Q  G  T  K  R  E  S  T
S  S  O  B  C  C  L  P  I  A  J  K  F  I  B  E  Y
Q  J  A  R  I  C  J  L  N  W  A  E  O  D  A  T  P
Q  D  X  F  K  U  N  I  E  C  Q  F  R  M  E  Y  J
W  K  F  B  W  P  Z  B  Y  A  N  Y  C  U  R  W  C
F  O  B  F  W  A  L  M  C  U  G  O  E  Z  R  A  R
H  U  X  Y  T  T  T  A  H  S  Y  U  W  L  H  E  Q
L  M  L  I  G  I  O  P  C  W  X  K  E  Z  H  N  U
D  G  O  Z  C  O  K  R  E  E  R  A  C  S  Q  X  S
B  N  H  E  H  N  O  I  S  S  E  F  O  R  P  Z  E
```

BOSS
COLLEAGUES
EMPLOYMENT
OFFICE
TEAM

CAREER
COMPANY
JOB
ORGANIZATION
WORKFORCE

CO WORKER
EMPLOYEE
OCCUPATION
PROFESSION
WORKPLACE

# Workplace Buzz 2

```
H  S  N  G  D  E  N  I  L  D  A  E  D  P  H  V
M  S  T  I  F  E  N  E  B  S  Z  F  U  Z  X  F
E  H  E  C  Y  M  K  L  K  T  J  V  T  K  Y  O
C  I  H  L  H  Q  U  Y  C  T  K  P  I  N  S  P
Z  F  Z  V  O  V  F  E  E  J  N  U  E  K  O  W
G  T  Y  X  O  R  J  I  H  Q  Q  E  S  K  K  X
R  N  J  O  T  O  S  C  C  Y  C  A  V  L  M  B
G  M  C  L  R  N  F  Y  Y  N  T  Z  D  S  N  R
D  W  U  P  R  J  E  D  A  O  L  K  R  O  W  J
C  J  J  O  Y  D  G  M  P  D  C  B  D  Y  S  D
K  X  B  A  O  R  R  E  E  G  K  H  S  L  H  G
G  K  B  J  M  O  A  L  S  R  P  R  L  J  B  G
L  E  G  B  F  I  I  L  X  R  I  I  O  X  Y  P
A  W  R  R  H  C  E  B  A  I  K  T  J  W  S  F
E  I  E  G  S  E  W  P  Z  S  D  R  E  H  Q  J
T  P  R  O  M  O  T  I  O  N  Q  D  M  R  U  O
```

| | | |
|---|---|---|
| BENEFITS | DEADLINE | DUTIES |
| PAYCHECK | PERFORMANCE | PROJECT |
| PROMOTION | RETIREMENT | ROLES |
| SALARY | SHIFT | SKILLS |
| TASKS | WORKDAY | WORKLOAD |

# Workplace Buzz 3

```
O  D  X  G  G  A  E  R  U  T  L  U  C  P  Q  A  Z  M
U  E  E  D  A  I  U  K  G  V  B  R  X  F  C  B  Z  Q
O  N  N  O  W  E  R  R  M  Q  R  G  V  O  O  A  Y  K
A  W  O  R  K  A  H  O  L  I  C  E  L  L  L  L  C  K
Z  U  I  I  W  T  R  K  C  M  L  M  Z  V  Y  A  R  W
H  R  T  U  T  P  U  L  R  O  V  I  Y  X  B  N  Z  W
H  E  A  W  U  A  P  M  C  O  R  T  V  D  V  C  N  C
F  N  V  U  Z  N  R  B  O  K  W  R  E  C  N  E  Z  W
Z  V  I  Z  X  N  O  O  D  C  M  E  E  T  I  N  G  S
A  I  T  H  V  H  D  I  B  S  F  V  T  I  H  H  R  K
V  R  O  L  F  Z  U  F  T  A  Q  O  X  O  E  J  Y  T
L  O  M  O  T  X  C  A  J  A  L  E  T  U  M  M  O  C
S  N  E  X  H  P  T  O  O  Y  T  L  S  U  D  E  P  M
J  M  I  W  C  L  I  W  R  S  W  S  O  I  R  X  R  Z
N  E  R  G  N  D  V  V  D  G  X  Q  K  C  D  H  H  H
E  N  F  L  E  X  I  B  I  L  I  T  Y  R  Q  F  J  M
N  T  Y  U  L  U  T  R  A  I  N  I  N  G  O  R  I  G
Z  B  V  V  S  A  Y  H  A  M  E  K  A  T  Z  W  D  V
```

BALANCE
CULTURE
FLEXIBILITY
OVERTIME
TRAINING

COLLABORATION
ENVIRONMENT
MEETINGS
PRODUCTIVITY
WORKAHOLIC

COMMUTE
FEEDBACK
MOTIVATION
REMOTE WORK
WORKSTATION

# Workplace Buzz 4

```
V K K M A N E B M R W R X N H U D D U W Z C
S X Z R K R U S P C R N E B Y H E O H R W
E L P T X K G R S R R N R X Q O V G K T Z S
N X I J N A L A P E G M G X J Y E L Y T F N
I Y J J G E T G C A R U N Z E Y L T E D S Y
L X I C Y L M Y G H Q T B L S G O N K B T L
D K J O G U T E Z Z I W S Y A K P Q J Q E N
A N R W D G M L C O Y E I I O Y M P X V T K
E A I X M E L I I N J W R C E E P A C I C
D X P V N M U O S M A H O E J X N R O V T E
F J G T S O T U K I T V A R M J T N O K V A
R B J S A J D L F Z F W D L K E F T E B U G D T
N G N I T A R H M V X A O A Z E N H E I B A
N U S P I H S N O I T A L E R P T T G W I B
G B E X S H P P F T V O R E Y E S H S C D K
H L T Q F E F F I C I E N C Y M E M I W A C
K S Q S A Q Q R Q G D C R F G F S R T C U B
Y O Y A C M E A I D E V Z C A G N J A S S A
Q C S T T T M U L R Y U Q Y S B E L J C D R
T Y I X I D B Z O B D B R C G H P M F L A L
F U G K O F G O B I J P Q Z V E X I G V N Q
I L B E N P M S P J K T B U Q O E B L M U D
```

ACHIEVEMENTS  
CONFERENCE ROOM  
EFFICIENCY  
RATING  
STRESS  

ATTIRE  
DEADLINES  
ENGAGEMENT  
RELATIONSHIPS  
TRAVEL  

CAREER ADVANCEMENT  
DEVELOPMENT  
EXPENSES  
SATISFACTION  
WORK ETHICS

# Workplace Buzz 5

```
D C W L V V F I S U A W L Z E T J U L
S B G O G U M N N C M L Y X H I N O P
L I E X P B I G V Z C X R L N Z N T S
U M E E D R A O B Y E K T Z F H K X P
Y C N C I E A G M E Z K E S U S S N G
S N O I T A C I N U M M O C B H B C W
G M H P X E Q I A D G B D S E I N T U
J D P B P D G X S Q V Y Z P D K Z S J
J Z L R R O I A N I U V R P J U Y J N
X R L A L C R H L E O H H H E W I U H
Y N E W P W H T T C C N V I E P Y Y T
E O C H W T X B U E L L S Y Y R M P X
Z W L K E M O G I N J R Q H A O Z U N
W B S S U Q A P S L I A M E Y J O I H
X R Q T S C V D C A S T H X R E H Z K
G F R F I I J P I B O E I L G C I R H
J I T Z J H M A N A G E M E N T O Q A
K D K I H C H A L L E N G E S S E K M
Q X M W F F U I Y G O A L S G F N Y Q
```

CELL PHONE

CHALLENGES

COMMUNICATIONS

DECISIONS

EMAILS

GOALS

HR

IT

KEYBOARD

LAP TOP

LOG IN

MANAGEMENT

OPPORTUNITIES

PROJECTS

VPN

# Knot So Simple

```
Z  J  Z  G  Q  B  R  T  S  Z  V  Q  R  P  U  S  D  P
X  D  X  H  N  Z  N  Y  T  C  I  Z  Y  E  N  N  H  U
Y  E  I  D  N  A  R  T  S  E  E  R  H  T  B  G  S  U
E  L  L  A  C  E  B  R  A  I  D  F  N  B  U  P  L  P
D  O  D  C  R  O  W  N  B  R  A  I  D  O  G  X  T  T
I  I  I  I  U  B  I  O  U  J  N  S  R  X  A  Q  Q  M
A  J  A  J  A  E  O  O  B  R  V  H  Y  E  L  P  S  D
R  X  R  R  E  R  M  L  M  L  T  T  W  R  F  T  G  I
B  O  B  O  B  Z  B  I  A  L  E  A  Y  B  R  N  C  A
E  A  H  S  N  H  A  R  L  H  T  I  D  R  C  J  W  M
K  Z  C  B  E  U  C  U  E  E  U  L  I  A  B  V  X  K
A  O  N  I  G  R  P  T  R  H  R  B  A  I  D  S  O  L
N  H  E  K  H  I  J  F  U  F  T  R  R  D  Z  X  K  I
S  H  R  C  P  J  A  U  H  D  W  A  B  S  C  U  C  M
Q  E  F  T  V  L  D  Z  V  Y  D  I  E  G  N  I  B  N
F  I  Y  B  L  D  X  K  S  H  U  D  P  F  Q  Q  P  L
I  N  J  A  L  W  T  I  S  T  E  G  O  D  D  E  S  S
M  O  H  O  H  J  B  A  M  J  X  V  R  W  S  M  G  Y
```

BOXER BRAIDS
FEATHER BRAID
GODDESS
MILKMAID
SNAKE BRAID

CROWN BRAID
FISHTAIL BRAID
HALO BRAID
PULL THROUGH
THREE STRAND

DUTCH BRAID
FRENCH BRAID
LACE BRAID
ROPE BRAID
WATERFALL

# Crafty Fingers 1

```
G  R  B  I  R  Y  K  L  W  P  M  J  R  C  K  I  Q  S
G  H  I  H  O  C  Y  H  A  N  D  I  C  R  A  F  T  R
R  H  Q  U  H  B  U  N  M  A  M  T  R  A  C  S  Z  K
F  Q  H  O  Y  G  T  G  Q  D  G  Z  A  H  A  Q  E  D
E  F  S  W  R  D  Q  S  O  R  X  C  F  Z  R  U  D  K
W  V  C  R  E  A  T  I  V  I  T  Y  T  J  V  B  A  A
R  X  L  A  G  N  I  T  P  L  U  C  S  I  I  A  M  N
U  N  A  R  H  L  X  Z  M  Q  U  K  M  B  N  O  D  K
L  O  O  T  D  N  A  H  Y  K  A  E  A  D  G  N  N  S
E  U  Q  I  N  H  C  E  T  R  S  B  N  T  J  H  A  H
Z  S  V  S  A  K  Z  O  H  O  E  S  S  G  D  O  H  D
H  D  G  T  U  R  M  S  Y  W  Y  D  H  H  J  A  Q  H
E  R  I  R  H  Z  T  K  B  I  Y  C  I  H  G  P  H  T
K  T  R  Y  G  X  C  I  L  D  Y  X  P  O  T  U  Z  F
G  G  N  T  I  D  M  L  S  N  V  M  P  W  R  B  Z  F
N  O  A  T  P  D  H  L  M  A  Y  U  B  I  K  B  L  R
N  X  B  K  D  S  J  H  A  H  N  M  S  O  X  P  M  T
N  N  L  N  J  W  O  Q  W  C  E  E  M  Z  V  O  W  E
```

| | | |
|---|---|---|
| ART | ARTISAN | ARTISTRY |
| CARVING | CRAFTSMANSHIP | CREATIVITY |
| DIY | EMBROIDERY | HAND TOOL |
| HANDICRAFT | HANDIWORK | HANDMADE |
| SCULPTING | SKILL | TECHNIQUE |

# Crafty Fingers 2

```
Q X G C A L L I G R A P H Y C B Y A A
U R S C R P Z L J N H N Z A J C J G D
I V Q Z V X W W I N D D F Z H H A A E
L C Y L V J E O T W T G N I V A E W R
T E R K B Z D W O W T K N E E D D C G
I R A S L J W L I D R H Z I U I Y S M
N A C T G E Z G H H W X C U D I W E N
G M I F H W H G F T K O D W P A T B C
D I T A V E D V N R G O R O C A E L V
K C A R H L R R C I R E T K L Y G B M
I S N C U R Y W U V T T Q W I N N K N
D E B R S Y D B O R E E O C I N O X F
L G R E I M A G I R O R H T X D G G N
V J N P G A U D Y J K O T C Y G P C P
S D K A U K G N I D N I B K O O B P D
B Y U P O I L J C U N A N D S R N S M
F X N K T N T L P K Y M S G R W C K F
Z V D L H G C C V K T Z O M J N Y G K
E Z X O L I D D P J J R X S S A A A Z
```

BEADING

BOOKBINDING

CALLIGRAPHY

CERAMICS

CROCHETING

JEWELRY MAKING

KNITTING

LEATHERWORKING

METALWORK

ORIGAMI

PAPER CRAFTS

POTTERY

QUILTING

WEAVING

WOODWORKING

# Crafty Fingers 3

```
S  N  N  L  C  Q  P  X  B  O  U  X  S  R  S  W  L
B  F  N  E  G  A  P  U  O  C  E  D  U  C  C  S  X
K  L  T  S  I  N  N  S  X  G  L  R  A  M  R  O  N
Z  K  U  O  P  B  I  D  B  K  Q  B  C  G  A  Z  E
S  E  R  A  Q  R  Y  T  L  Y  N  I  R  N  P  U  E
A  F  K  P  D  I  I  X  L  E  K  U  H  C  B  H  D
F  Y  W  M  I  P  K  N  K  E  M  Z  U  I  O  B  L
F  E  V  A  L  M  E  T  T  Z  F  A  H  L  O  A  E
V  N  F  K  T  G  A  C  U  M  N  T  K  T  K  T  W
R  I  F  I  A  L  O  R  Z  Z  A  G  K  I  I  I  O
E  K  R  N  I  L  R  K  B  Z  Z  K  O  P  N  K  R
A  M  Q  G  L  A  S  S  B  L  O  W  I  N  G  G  K
F  X  C  A  O  B  Y  Y  O  W  I  L  M  N  M  N  G
J  T  G  D  R  X  T  O  P  U  G  N  D  C  G  I  W
G  E  S  C  I  A  S  O  M  F  D  W  G  Y  H  W  R
U  C  Y  G  N  I  L  C  Y  C  P  U  O  Q  C  E  I
H  X  I  F  G  P  E  W  B  Q  R  C  Q  Q  T  S  Z
```

BATIK
DECOUPAGE
MARBLING
PRINTMAKING
SOAP MAKING

CANDLE MAKING
FELTING
MOSAICS
SCRAPBOOKING
TAILORING

COLLAGE
GLASSBLOWING
NEEDLEWORK
SEWING
UPCYCLING

# Crafty Fingers 4

```
M P T I P I R E N G R A V I N G K W
S Y R J Q X Z H K T N L M U Z G R S
O R E D J W O O D B U R N I N G O T
L O O M I N G G G A E G W I Z F W E
M G N I E Y D P E S U U T L P K H N
H R I C Y E P R X V Q N P H H F C C
I A W N E M B E L L I S H M E N T I
E P N K T Q F Q Q R L Q M A V F A L
X H G D A A Z G P U P V J C E V P I
V Y O Q P U R K F S P U L R C S X N
Y Q M H V A C S F G A X G A U R W G
G F L C Z O I D I S T X F M V K F W
T C L Z L Z W N O A L H O E Y E K G
C Q E B A S K E T W E A V I N G P K
N E O H F N C S R E F H U N F G X A
F L O C J S B R A I D I N G P R I E
G L V T D J S N G Y R D H W D L P G
B N G O U I Z L B H R Y W Q O F U P
```

# Pen to Paper 1

```
A  C  H  P  F  F  N  T  G  P  Z  H  U  V  G  Y
U  C  T  H  N  U  Y  C  E  Z  D  F  W  O  X  Z
T  G  S  Z  V  O  L  P  Y  Z  Y  O  X  F  N  V
H  S  E  C  L  K  I  O  F  O  P  D  S  I  H  H
O  L  D  V  H  H  T  T  P  R  O  S  E  C  C  K
R  S  N  P  I  A  E  E  I  N  P  L  O  T  E  F
S  V  O  O  R  T  R  Z  R  S  E  T  T  I  N  G
H  N  I  E  Q  E  A  A  B  T  O  C  C  O  P  M
I  A  T  T  V  I  T  E  C  S  Z  P  D  N  L  Z
P  B  C  R  R  V  U  I  R  T  E  N  M  R  Q  O
Z  U  I  Y  O  E  R  Q  R  C  E  L  H  O  J  H
G  O  F  O  H  G  E  H  S  W  R  R  Q  M  C  U
H  G  N  S  T  K  H  M  J  D  N  G  J  Z  F  R
R  E  O  V  U  H  K  V  S  B  E  R  L  N  W  U
P  E  N  M  A  N  S  H  I  P  G  J  P  Y  O  Q
M  A  M  S  W  Y  S  B  Q  H  A  M  T  S  M  R
```

AUTHOR
COMPOSITION
GENRE
PENMANSHIP
PROSE

AUTHORSHIP
CREATIVE
LITERATURE
PLOT
SETTING

CHARACTER
FICTION
NONFICTION
POETRY
WRITER

# Pen to Paper 2

```
U  S  W  C  N  A  A  M  G  U  V  Y  W  G  R  L  W
L  O  E  D  L  O  A  E  A  H  I  Z  E  S  X  V  V
Q  B  S  L  O  T  I  A  J  M  D  J  P  U  N  M  V
Y  U  R  I  I  O  X  T  R  A  F  J  J  I  T  W  E
R  I  E  P  V  M  S  L  A  X  A  P  W  T  Q  B  Q
E  G  V  X  C  T  I  S  M  R  I  E  F  Y  E  C  Z
G  O  R  C  S  V  E  S  W  S  E  U  B  E  R  N  F
A  E  J  F  H  T  I  K  S  Y  O  T  U  M  V  G  A
M  G  A  G  U  L  T  T  A  N  P  U  I  O  G  O  H
I  T  J  Q  O  X  A  K  J  T  O  O  D  L  C  D  Q
F  P  H  B  V  N  A  R  R  A  T  I  V  E  L  I  L
M  I  M  E  Z  L  P  A  W  X  A  O  W  O  V  A  P
H  Y  V  A  M  E  L  P  U  T  M  U  N  H  J  L  N
S  G  E  A  M  E  T  A  P  H  O  R  E  E  V  O  N
H  A  A  Y  L  C  B  Z  L  G  N  I  P  Z  D  G  B
F  O  H  Y  X  U  J  B  X  Z  O  C  H  U  J  U  P
D  R  E  Z  H  U  G  T  Y  Q  D  S  T  Y  L  E  W
```

| | | |
|---|---|---|
| ALLITERATION | DIALOGUE | IMAGERY |
| METAPHOR | NARRATIVE | ONOMATOPOEIA |
| RHYME | SIMILE | STANZA |
| STYLE | SYMBOLISM | SYNTAX |
| THEME | TONE | VERSE |

# Pen to Paper 3

```
Z  J  V  L  W  G  G  N  I  T  F  A  R  D  E  R  L
B  Q  H  V  U  T  N  Y  L  X  K  T  Q  M  M  I  X
O  U  X  E  C  P  I  I  G  R  A  M  M  A  R  V  G
P  S  Y  I  C  U  D  X  S  C  Q  I  K  N  A  Q  N
X  R  Q  F  I  N  A  D  X  A  X  T  J  U  G  N  I
C  K  P  H  I  C  E  N  R  X  R  X  F  S  W  B  T
A  C  A  R  P  T  R  T  V  O  P  H  I  C  H  L  I
C  G  R  E  N  U  F  F  N  B  W  O  P  R  T  E  D
J  O  A  V  H  A  O  A  W  E  U  G  Z  I  X  L  E
X  I  G  I  A  T  O  Y  R  Z  S  T  V  P  K  Z  C
E  J  R  S  A  I  R  D  X  D  B  Z  O  T  Q  Z  I
J  J  A  I  M  O  P  J  N  A  A  S  Y  V  M  O  O
K  L  P  O  I  N  T  O  F  V  I  E  W  P  M  D  V
U  H  H  N  Y  B  X  B  G  T  I  B  I  N  D  M  L
U  Y  E  G  F  V  J  A  I  Q  Y  H  T  Z  O  C  M
A  R  I  L  R  Q  Z  O  E  R  M  U  L  P  U  Q  N
T  L  J  N  L  Q  N  E  B  J  M  A  S  P  C  G  L
```

| | | |
|---|---|---|
| DRAFT | EDITING | EXPOSITION |
| GRAMMAR | MANUSCRIPT | PARAGRAPH |
| PHRASING | POINT OF VIEW | PROOFREADING |
| PUNCTUATION | REDRAFTING | REVISION |
| SENTENCE | VOICE | WORD |

# Pen to Paper 4

```
Y  X  B  R  E  S  O  L  U  T  I  O  N  U  J  D  V  G
V  M  C  U  E  K  E  Y  B  O  A  R  D  M  S  Z  C  Y
E  R  P  S  B  N  W  Q  L  A  A  K  U  O  U  F  B  U
Q  Z  S  F  S  C  M  B  L  X  G  F  G  P  B  A  L  O
A  G  G  V  T  Q  J  L  U  L  T  N  K  U  P  I  A  T
J  D  R  D  E  N  O  U  E  M  E  N  T  B  L  K  A  C
K  T  O  W  E  B  E  M  R  N  I  X  Q  L  O  U  K  I
W  S  T  B  W  X  I  G  S  R  H  N  Q  I  T  V  G  L
D  I  U  R  R  Q  M  R  A  I  W  E  J  S  S  P  P  F
L  N  O  K  C  E  Q  I  C  Y  R  H  Z  H  I  W  L  N
R  O  K  A  G  C  T  Y  A  S  R  A  D  I  N  K  N  O
V  G  C  O  P  Y  R  I  G  H  T  A  I  N  O  W  G  C
H  A  P  V  Z  T  D  D  R  H  W  O  R  G  G  G  X  E
A  T  B  M  Z  D  G  Z  O  W  J  S  K  E  A  C  C  M
C  N  R  E  T  T  E  L  Y  R  E  U  Q  W  T  L  S  K
F  A  I  A  Z  I  K  P  D  X  X  P  J  Z  O  I  P  C
B  X  Z  P  R  G  I  C  Q  W  H  H  Y  C  R  D  L  C
I  L  Z  M  L  G  P  L  Y  B  V  Z  S  T  P  U  Y  I
```

ANTAGONIST
DENOUEMENT
LITERARY AGENT
PUBLISHING
SCRIBE

CONFLICT
INK
PLAGIARISM
QUERY LETTER
SUBPLOT

COPYRIGHT
KEYBOARD
PROTAGONIST
RESOLUTION
TYPEWRITER

# Pen to Paper 5

```
L  G  E  N  E  J  H  Y  W  U  D  K  L  W  R  D
R  E  Y  Q  T  T  E  R  F  J  Q  H  Z  T  T  D
P  I  C  H  Z  T  O  S  U  E  P  K  U  V  S  Q
F  M  I  R  P  G  P  N  S  P  E  L  L  I  N  G
O  S  U  C  M  A  K  G  T  A  S  T  Y  E  N  D
L  U  V  B  P  W  R  M  X  O  Y  F  X  I  O  R
G  A  I  E  E  Q  N  G  Q  F  O  P  T  E  I  P
C  N  R  N  B  T  H  P  O  G  F  F  Y  O  T  Y
G  B  E  Y  R  P  O  E  G  P  A  Z  M  X  P  R
W  S  E  M  Q  V  E  N  S  R  Y  E  D  J  I  G
D  D  W  K  F  U  J  C  D  J  M  T  Z  I  R  T
L  E  E  J  I  D  I  I  T  N  O  F  X  J  C  T
T  H  N  Q  B  M  P  L  O  O  E  P  D  T  S  N
W  B  G  K  A  C  W  V  L  V  W  P  G  I  E  E
W  D  P  I  D  U  E  H  M  E  Y  E  N  S  D  P
R  M  L  H  R  L  O  A  C  F  C  Z  Q  D  M  S
```

| | | |
|---|---|---|
| ESSAY | DRAFTING | ENDNOTE |
| FONT | FOOTNOTE | TYPOGRAPHY |
| SPELLING | PAPER | PEN |
| PENCIL | QUILL | TEXT |
| DESCRIPTION | MEMOIR | NOVEL |

# Pen to Paper 6

```
C  Y  Y  D  W  S  W  K  Z  B  P  W  N  J  L  J  U  S
A  H  H  P  R  K  N  Y  K  F  W  D  S  D  N  I  F  O
Q  P  P  S  N  O  I  S  S  I  M  B  U  S  O  P  J  H
R  A  A  W  M  C  O  V  G  Z  N  N  B  D  I  W  O  Y
N  R  R  S  D  H  N  N  B  O  O  K  S  T  O  R  E
N  G  G  I  E  L  I  I  P  U  F  W  A  X  A  O  H  X
N  O  O  Q  V  P  T  N  T  Z  H  S  C  B  T  L  U  Z
A  I  I  N  Y  M  R  L  Q  C  T  E  C  S  I  T  X  T
E  L  B  T  M  R  I  G  R  Z  S  N  T  M  C  V  T  F
Y  B  O  Y  P  N  H  A  N  D  W  R  I  T  I  N  G  H
S  I  T  C  E  I  E  P  J  S  O  G  P  T  A  S  O  Q
W  B  U  E  C  S  R  H  O  H  I  F  F  N  B  C  X  C
G  J  A  E  E  V  O  C  S  Y  D  E  D  W  E  R  S  R
N  F  B  E  P  W  Z  G  S  H  D  H  U  C  K  I  W  B
Z  F  C  K  L  Y  Z  Y  N  N  F  I  N  A  D  P  Z  E
O  E  L  P  E  Q  B  F  Y  R  A  R  B  I  L  T  Y  R
D  Q  R  N  S  X  W  E  J  O  U  R  N  A  L  I  S  M
O  D  Y  E  E  E  F  C  A  O  X  A  T  A  R  V  M  X
```

SHORT STORY
JOURNALISM
CITATION
BOOKSTORE
HANDWRITING

AUTOBIOGRAPHY
OUTLINE
BIBLIOGRAPHY
LIBRARY
SCRIPT

BIOGRAPHY
RESEARCH
SUBMISSIONS
TYPING
TRANSCRIPTION

# On Your Mark 1

```
P  B  F  N  O  H  T  A  R  A  M  B  S  D
G  M  D  M  R  U  N  N  E  R  K  E  Q  C
S  I  B  D  J  M  S  C  J  K  F  T  R  T
G  N  I  T  N  I  R  P  S  A  N  E  D  F
S  N  H  L  T  R  E  A  D  M  I  L  L  Q
G  G  I  Z  S  E  O  H  S  E  E  H  K  E
V  N  G  N  A  R  N  T  N  I  P  T  F  L
H  I  K  N  I  Z  E  D  F  A  G  A  I  R
G  G  C  O  N  A  U  K  K  Z  B  S  C  T
U  G  A  X  Q  R  R  M  A  M  Z  K  R  E
K  O  R  E  A  T  T  T  Z  E  M  H  N  Q
X  J  T  N  J  S  T  A  M  I  N  A  F  C
V  X  C  M  C  T  R  G  V  Q  O  S  Q  O
X  E  C  A  R  F  A  G  U  D  A  L  D  E
```

ATHLETE  
JOGGING  
RACE  
SNEAKERS  
TRACK  

ENDURANCE  
MARATHON  
RUNNER  
SPRINTING  
TRAINING  

FIELD  
PACE  
SHOES  
STAMINA  
TREADMILL

# On Your Mark 2

```
A  P  P  U  M  R  A  W  M  X  Q  J  X  V  M  D  V  W
U  B  N  H  R  C  R  G  P  T  G  I  E  H  H  E  E  Q
U  R  M  P  D  D  E  E  P  S  G  V  L  C  E  C  K  E
Y  H  Z  F  M  W  P  D  T  N  T  N  S  Q  V  N  U  T
D  W  N  E  A  Y  W  R  I  I  R  R  M  T  G  A  N  E
X  W  Y  M  X  B  E  N  Y  R  Y  M  O  X  X  T  W  O
I  P  T  H  A  T  N  V  R  I  T  R  X  I  L  S  O  U
Y  J  R  X  C  U  R  J  T  B  H  S  T  O  V  I  D  J
Z  T  A  H  R  R  F  N  N  Y  T  N  N  G  G  D  L  I
B  F  I  L  V  B  T  M  U  O  F  G  I  N  Q  W  O  D
K  N  L  L  G  Y  M  A  O  M  D  P  N  O  G  J  O  M
G  I  R  C  I  W  L  C  C  I  A  J  T  U  F  A  C  F
H  P  U  O  T  G  G  O  S  Z  G  X  E  Y  V  W  G  L
R  D  N  E  C  N  A  T  S  I  D  T  R  O  H  S  N  E
S  A  N  Y  B  D  A  J  O  L  L  M  V  C  Z  T  Z  F
E  N  I  L  G  N  I  T  R  A  T  S  A  N  I  O  P  K
I  P  N  L  C  N  W  X  C  I  M  E  L  N  B  T  Y  V
Y  H  G  E  N  I  L  H  S  I  N  I  F  D  W  C  Y  W
```

| | | |
|---|---|---|
| AGILITY | COOLDOWN | CROSSCOUNTRY |
| DISTANCE | FINISH LINE | HILL RUNNING |
| INTERVAL | LONGDISTANCE | SHORTDISTANCE |
| SPEED | STARTING LINE | STRETCHING |
| STRIDE | TRAIL RUNNING | WARM UP |

# On Your Mark 3

```
C N L Z E W L C Z M H A S C F U R K J
F C J R M G Y R U J N I G F G F N T F
F J Y S F U T D U J N O I T I R T U N
V P U G E Z U L L O L I M T G Q W M S
D M H M E X G T I P D B N F W D Z Q C
N A P P Q T S T E E F E S H V P S T R
P G V L B V A A R C S R Q O C O R C Q
Y Y H G M R P R G S H U B Z N A C S J
A S P G D I V A T B K N Z E I I O E Z
C G O Y I M W H S S D N I N P O X C N
Z M H T D H F E O W G I I Q F I R Y I
B Q S K J D S A Y D Z N V J U F C R I
M R H M E A M R O F G G I F H E O E Q
B J P D C A V T E P X G H C T Z V V K
K V F U X B O R L N I R R B A X X O I
A N X B E L V A W P N O J L E P Y C I
X J K S W W N T Q S L U F A R E X E V
S P L H B T W E F U D P R J B T O R O
M V T S D R O C E R L A N O S R E P B
```

| | | |
|---|---|---|
| BREATH | COACH | FITNESS |
| FORM | HEART RATE | HYDRATION |
| INJURY | NUTRITION | PACING STRATEGY |
| PERSONAL RECORD | RECOVERY | RUNNERS HIGH |
| RUNNING GROUP | TECHNIQUE | TRAINING PLAN |

# On Your Mark 4

```
F G C M G E A R B O A I B D Y W M J H D Z
S E N A L B Q X L E G E X A M P J X I C T
N W F I A S R T S D A C D G Z Z S H R Y O
F I C M N C W A A J V O Q M K H X O E V X
W K A V F I K T M H A U U B X T S L C U C
B S X R Y R A B B O R F S G X S M L I Y A
D C M W R T C R U O T P A C T H R F Q F H
M X N Q H E I Z T B S L E R Y D J K I J P
S K U Y Z M T U C L B A A M T D T N C D V
N P U Y G O B Z G G A I W J M L I V R O N
Z N Q V V Y F B F T N V L N K S E P K W S
B D L Q D L A D M I V F R C H A U K B N P
C Z A I L P C T N R R A C E B I B E P H L
E G V I E A I G L F B A R G T Y A X J I X
E H H W P F D H B R W J R C Q N P K V L V
T P R U S I A E M F P Z A J X I Q S L N
U W M S U Q X R M S E W S N C W L X H E
O W O I B F Y G A J D W H F K S Y A K Z K
R R H P Z K M M U E V L K L P L U E T L
C V V B E Q W H N H E A X O M O G A E R I
Z I V Z M Q H L D W T C V F O A E W A J R
```

CROSS TRAINING

CROSSFIT

DOWNHILL

FARTLEK

FINISHER

FLAT

GEAR

INTERVAL TRAINING

MEDAL

PLYOMETRICS

RACE BIB

ROUTE

STRAVA

TERRAIN

UPHILL

# On Your Mark 5

```
Y  E  T  I  C  Q  X  M  K  N  G  C  L  G  H  D  M  B  N  Z
J  J  V  O  G  K  Z  R  Y  G  N  B  R  P  O  P  A  L  H  X
M  I  L  E  A  G  E  U  B  Z  I  U  M  S  F  P  X  P  P  Z
P  I  B  U  L  C  G  N  I  N  N  U  R  T  O  D  D  Q  J  A
F  J  S  H  N  R  X  N  K  N  N  W  F  N  O  N  B  M  F  R
J  N  R  A  U  L  F  E  E  D  U  B  O  I  T  J  F  Z  L  M
P  S  T  T  Q  Z  Q  R  W  T  R  A  I  L  S  H  O  E  S  J
A  V  S  K  W  X  S  S  R  D  T  T  I  P  T  Z  L  T  R  D
R  V  A  C  S  K  I  G  U  B  O  Y  X  S  R  J  U  V  U  I
K  M  P  M  N  F  K  E  N  L  O  V  B  N  I  N  G  E  N  L
R  D  W  E  E  C  O  A  N  B  F  N  R  I  K  J  Y  N  N  M
U  X  E  W  R  X  S  R  I  O  E  K  X  H  E  F  F  Z  E  X
N  J  O  E  W  K  L  T  N  I  R  U  C  S  Z  M  A  I  R  C
H  Y  M  U  K  M  Z  P  G  L  A  K  D  B  P  T  D  G  S  U
W  K  F  N  O  Q  C  Q  F  E  B  Q  V  F  H  Z  I  O  W  S
Q  E  M  R  J  G  O  O  O  O  O  Y  I  M  V  S  G  A  O  B
G  C  G  N  O  H  T  A  R  A  M  A  R  T  L  U  N  B  R  R
P  O  S  T  R  A  C  E  M  W  K  M  F  Y  N  E  Q  S  L  O
D  O  U  S  I  S  Y  L  A  N  A  T  I  A  G  O  A  G  D  X
J  M  Z  H  B  E  Y  F  R  D  L  E  C  A  R  E  R  P  G  R
```

RUNNING FORM
TRAIL SHOES
RUNNING CLUB
FOOTSTRIKE
MILEAGE

RUNNERS KNEE
BAREFOOT RUNNING
PARKRUN
RUNNERS GEAR
PRE RACE

SHIN SPLINTS
GAIT ANALYSIS
ULTRA MARATHON
RUNNERS WORLD
POST RACE

# On Your Mark 6

```
C  X  M  Z  F  E  J  K  C  R  P  G  B  A  Z  B  B  P  U  S
E  L  A  S  U  O  R  A  Q  H  J  P  C  K  A  Z  U  D  C  E
M  Q  D  B  I  B  N  U  M  B  E  R  M  H  C  P  V  T  R  H
Y  E  Q  Z  B  C  W  U  I  T  O  E  U  M  A  P  C  E  J  F
R  O  D  O  R  O  I  Z  E  N  X  R  G  D  F  O  L  O  I
I  L  Q  O  U  T  D  T  L  Z  Y  R  P  I  E  C  I  K  A  N
P  Z  T  W  H  C  V  Y  E  B  W  Q  V  C  N  T  H  N  F  B
E  J  W  B  Z  Q  U  R  C  L  W  R  N  Y  C  G  Q  A  G  L
P  L  S  G  G  I  X  U  T  O  H  D  V  S  E  U  S  D  Y  B
Y  X  Z  Y  N  X  H  J  R  A  M  T  Z  J  A  B  R  B  V  Q
F  D  Z  E  I  E  C  N  O  P  D  P  A  A  X  O  J  N  X  D
K  T  U  T  D  Z  L  I  L  N  A  R  O  S  B  Q  L  T  Q  J
U  T  B  I  A  Y  N  S  Y  T  F  J  E  S  B  E  W  M  D  H
C  B  Y  B  O  T  A  R  T  L  S  R  C  N  I  T  V  E  N  H
U  Z  U  E  L  S  H  E  E  Q  V  O  R  J  A  T  M  X  N  U
U  E  H  O  B  B  N  S  W  T  Z  V  F  G  L  I  O  Y  O
X  X  P  E  R  U  N  N  I  N  G  B  U  D  D  Y  I  O  F  J
N  Y  P  P  A  P  C  U  X  M  T  D  H  U  G  J  Y  N  N  K
L  A  O  T  C  H  A  R  L  E  Y  H  O  R  S  E  S  L  E  G
V  G  Y  F  P  W  I  J  Z  F  J  M  V  L  M  L  N  J  V  D
```

| | | |
|---|---|---|
| ADRENALINE | ANKLET | AROUSAL |
| ATHLETICISM | BIB NUMBER | BODY COMPOSITION |
| CADENCE | CARB LOADING | CHAFING |
| CHARLEY HORSE | CHEERING | ELECTROLYTES |
| GELS | RUNNERS INJURY | RUNNING BUDDY |

# On Your Mark 7

```
K T K E R P D P G R N W W U N R E Y G K
T C G Z K G Q G E P V X I P I Y N O T X
U U Z Q Y V S U N D J A C D A T H S K N
L G F R A X O S P I P M O S R I F C K Z
E C L U A P T K Z W N L S M T P B D J I
K R E D A E H E L B U O D A X O I H X Q
L B X W E L H F S O K O I P C D V M R E
W B I Y V E E C K P W C E H N E D U K M
P F B J I V H H T K M X W O S U A A E U
C F I Y T A K E P A M A T S J U W U U L
U U L Q I T S J S D W F R L G V C U C K
Q V I Q T I G F I N I S H C H U T E Z J
A K T E E O X J T N Y C P Z G B S C U R
Q Y Y K P N W V I F U W C G D E W F Z S
J X T Y M G M S H D X N I B Q W R C H W
I H Q R O A H G A B P O R D F Z Q X Y B
T M F H C I R C U I T T R A I N I N G L
O C I I S N I H P R O D N E S O T V B K
H S U X F H E E L Y Q G D D O E M N H
K K N I I S X Q X E X C H J H G O F J R
```

CIRCUIT TRAINING
CRAMPS
DOUBLE HEADER
ENDORPHINS
GPS WATCH

COMPETITIVE
CUSHIONING
DROP BAG
FINISH CHUTE
X TRAIN

COOLMAX
DID NOT FINISH
ELEVATION GAIN
FLEXIBILITY
YASSO

# On Your Mark 8

```
X  J  W  T  D  Q  D  Z  R  V  K  F  H  O  A  K  Y  K
P  P  V  M  A  O  O  O  O  Y  E  U  W  U  S  R  M  U  F
C  P  A  E  I  L  R  X  K  G  T  M  R  G  H  W  E  A
L  N  E  G  T  C  U  E  U  D  N  J  D  J  Y  U  R  V
C  B  Z  S  B  Q  R  M  G  V  D  I  L  K  D  G  E  F
J  X  W  R  A  Z  F  O  B  G  C  X  E  F  R  U  N  O
U  E  K  K  N  G  O  H  S  A  O  F  S  B  A  B  N  V
C  X  N  H  D  Q  N  N  C  P  R  J  E  F  T  M  U  E
A  R  O  I  J  C  K  I  C  K  I  S  Y  O  I  J  R  R
Z  M  P  S  L  X  T  S  R  R  Y  K  U  E  O  I  D  P
B  H  N  L  C  C  F  J  H  T  M  X  E  P  N  O  A  R
B  S  P  X  A  P  N  F  Y  T  S  Y  R  S  P  A  E  O
E  H  O  L  L  P  S  I  H  W  I  M  Q  N  A  O  L  N
O  H  S  N  S  W  S  B  B  B  Z  E  A  J  C  D  R  A
Z  O  V  O  F  X  I  P  E  C  W  E  F  H  K  A  R  T
I  U  G  L  E  D  E  D  U  V  L  H  M  B  M  S  M  I
Q  S  W  O  G  G  Y  C  S  H  T  D  F  K  T  R  P  O
L  C  Z  S  G  B  Y  R  M  A  P  G  C  M  Y  X  D  N
```

| | | |
|---|---|---|
| HAMSTRING | HURDLES | HYDRATION PACK |
| INCLINE | IT BAND | KICK |
| LACTIC ACID | LANEY JOGGER | LAPS |
| LEAD RUNNER | LEAN | LUMBAR SUPPORT |
| MAF | MICROSPIKES | OVERPRONATION |

# On Your Mark 9

```
P  X  X  K  C  A  B  T  E  S  E  H  C  T  I  T  S  D  Y
V  A  W  R  E  Y  X  I  Y  D  X  R  C  S  Q  F  D  V  P
P  A  X  R  X  W  U  S  E  K  I  P  S  I  F  X  P  P  D
U  E  K  N  E  H  T  G  A  D  G  E  E  R  E  U  P  I  C
F  P  R  P  P  C  R  O  C  G  X  S  O  T  T  H  R  Z  G
I  A  I  S  P  X  A  H  N  Z  I  O  H  A  D  T  E  N  Y
Q  P  S  H  O  E  C  R  J  T  C  T  S  I  X  E  R  D  Y
C  R  U  G  C  N  K  N  D  N  H  E  G  D  V  W  A  G  L
D  H  W  N  W  G  A  O  Q  A  C  M  N  O  Q  F  C  E  T
J  O  B  S  P  A  N  L  C  I  O  B  I  P  Y  X  E  R  G
N  H  K  E  G  H  D  I  R  J  H  R  N  Q  R  Q  J  G  O
L  C  Y  C  G  W  F  B  M  E  N  Z  N  H  S  F  I  W  U
F  P  V  A  V  W  I  Z  V  I  C  U  U  T  T  W  T  E  V
A  X  M  L  U  Y  E  J  S  O  T  O  R  B  O  O  T  B  O
T  S  R  E  N  I  L  K  C  O  S  I  R  O  X  B  E  V  I
W  Z  C  O  O  H  D  N  Q  A  D  U  N  D  P  R  R  J  J
J  W  D  H  B  D  L  P  G  E  A  G  U  H  M  M  S  R  S
K  M  V  S  N  L  M  V  S  C  T  X  H  G  Z  D  E  O  J
T  H  E  Y  M  W  S  D  M  A  W  B  G  P  B  Q  L  T  R
```

PERSONAL RECORD
RICE
SETBACK
SPIKES
TEMPO RUN

PODIATRIST
ROAD RACE
SHOE LACES
STITCHES
TIMING CHIP

PRE RACE JITTERS
RUNNING SHOES
SOCK LINERS
STRIDES
TRACK AND FIELD

# Seascape 1

```
B R P Y I P R R I S D J J E Q G E J
A C M A E S N A M A D N A P P V E X
E G P C A S P I A N S E A V T A A Q
S O U T H C H I N A S E A Q A E O A
R J C L M Q D S E L S D C V S S Q C
O X I W F E H S E E H O B G M Z E F
M O A L X O D W N A W N N L A Z A A
I M W H Z E F I S Y O I G Q N E O G
T U I P R O P M T I R F F L S A M T
U W I E Q P C T E E B Y J H E E X T
W P S Y I Z Y E B X R Z T A A S D Z
V K H L Z Y A B J B I R J I P N A K
M X I D Y E J U T S O C A T E A Y T
N H D E K V C W G N K Z O N H I N A
P P A A C X V B X O X Y G W E B N G
M W O L F L I E C A R I B B E A N L
I J H E F F X P V F T K E N M R N Q
D L U R X Q D A Z M B D J V S A P M
```

ANDAMAN SEA
CARIBBEAN
JAVA SEA
PHILIPPINE SEA
SOUTH CHINA SEA

ARABIAN SEA
CASPIAN SEA
MEDITERRANEAN
RED SEA
TASMAN SEA

BERING SEA
GULF OF MEXICO
NORTH SEA
SEA OF JAPAN
TIMOR SEA

# Seascape 2

```
D C N A S E A O F G A L I L E E C X W I
A W E Q E J K Y O I N S O J C G W P N R
E P Q M F G C E Y B X Q X R N O Q D S I
S A W'U J R E U Y B L A C K S E A J O S
A S E V S V S A R G A S S O S E A N L H
N N W S Z A I O N B O L P N C H I I U S
I M L A N Z E A Q S A Y T B C A S O D E
H F W G S A E S E E E E K I N W X A V A
C D L J I S I A D S C A Y S C E X I C G
T V P L A C O R Z N N R E H M S W P T W
S J W R S F C W E B A A E F Q P E M Z B
A J A V C X O O T B T L I L K V Y A E D
E K F R C R A Z R G I E N G U Z E E J S
C P E A G J R A O A I S Q E E T I A K A
J T C Q T K Q R C W L U T P E W F M W V
E H P H V C C L F V O S F S D R R Y M X
P P Y R Z Y W T O B Q Q E R A M G O V O
H W M B N J A Z A W Y Q O A X E Y F N O
P S A S L O H H E X Q H I S X G U I K E
N U K O U F Z N S R Q V R A O S O O G W
```

SARGASSO SEA

BALTIC SEA

EAST SIBERIAN SEA

SEA OF CRETE

IONIAN SEA

BLACK SEA

CORAL SEA

NORWEGIAN SEA

SEA OF GALILEE

IRISH SEA

AEGEAN SEA

EAST CHINA SEA

SEA OF CORTEZ

GREENLAND SEA

KARA SEA

# Map Quest 1

```
S  Q  I  T  N  Z  A  U  S  T  R  A  L  I  A  Q  K  R
R  U  U  Q  F  S  R  X  N  Q  V  S  T  J  N  H  N  A
V  I  S  H  O  N  A  E  C  O  C  I  T  C  R  A  K  C
Z  I  N  D  I  A  N  O  C  E  A  N  S  A  N  Y  A  S
J  L  A  N  D  F  O  R  M  N  B  T  A  C  U  F  N  C
M  A  E  V  S  O  U  T  H  A  M  E  R  I  C  A  R  E
M  C  C  W  P  F  G  I  S  E  A  H  V  T  U  Q  U  M
R  O  O  I  S  U  D  I  T  C  E  F  J  C  U  G  B  N
G  N  C  F  R  R  A  K  K  O  S  S  G  R  C  Z  J  A
Z  T  I  M  B  E  R  X  L  N  C  Z  Y  A  I  V  U  G
C  I  F  T  V  H  M  L  A  R  I  Z  X  T  S  D  A  C
U  N  I  N  I  N  Z  A  K  E  T  C  E  N  V  Q  T  C
Y  E  C  G  W  C  Z  S  H  H  A  M  K  A  I  B  X  R
Z  N  A  H  A  T  L  A  N  T  I  C  O  C  E  A  N  A
V  T  P  A  L  B  R  G  U  U  R  U  B  I  T  E  U  O
E  P  O  R  U  E  E  G  G  O  D  O  B  R  V  N  W  D
S  K  E  I  P  F  W  H  N  S  A  Y  N  F  T  Z  C  K
B  D  G  X  D  A  H  Y  J  H  I  W  Q  A  O  L  P  U
```

ADRIATIC SEA
ARCTIC OCEAN
AUSTRALIA
INDIAN OCEAN
PACIFIC OCEAN

AFRICA
ASIA
CONTINENT
LANDFORM
SOUTH AMERICA

ANTARCTICA
ATLANTIC OCEAN
EUROPE
NORTH AMERICA
SOUTHERN OCEAN

# Map Quest 2

```
Z C R X D A C Z B W I D L V W D E S
C Z V L T R O A G P E F A R Q E J W
Y Z N E R C N Z O Y L Z T Z P L U T
H E N W P L Y K P Q U C I H D Q A P
P T Y I M Z W H P G G A T D A K L B
A A Q B S B N J P T Z S U I R M Q M
R M X H A A O S E A M N D N A L C G
G I L K P Z B P L E R I E L M N S M
O L F O R W M R L B H G V T W P Z E
P C O T N M P E E A E W O L J D Y E
O H A B V G V M W V M E R T B B F V
T O B P E A I E R I I Q L E R B W O
S N D V T B L T O G S R P R D A P H
A U A I P Z L L U C P D Z R Y G C F
L X O P N X N M E D H Z P A M S A R
T N G S C W L I V Y E D T I W F U I
A P H R E Q U A T O R U K N N O G G
N V N A I D I R E M E M I R P Y W S
```

ATLAS

ELEVATION

HEMISPHERE

MAP

RIVER BASIN

CARTOGRAPHY

EQUATOR

LATITUDE

PRIME MERIDIAN

TERRAIN

CLIMATE

GLOBE

LONGITUDE

RIFT VALLEY

TOPOGRAPHY

# Geography Trivia 1

```
E  P  J  F  E  Q  E  K  G  D  X  K  E  P  X  R  O  O  H
I  M  L  I  C  I  Y  X  K  L  U  C  K  Y  D  Z  F  F  Q
S  L  N  A  H  N  S  S  Z  G  V  Q  J  V  J  F  R  T  G
U  N  J  L  T  I  Y  Q  C  K  Z  U  V  R  T  H  E  I  C
Y  Y  G  V  E  E  V  Z  W  P  U  U  W  C  B  R  Y  I  T
B  H  M  O  U  N  T  A  I  N  X  E  M  I  M  N  L  H  P
N  H  I  L  K  F  M  E  L  P  F  K  O  U  T  V  C  C  D
G  C  Y  C  M  Z  T  R  C  L  U  M  I  P  P  G  X  F  V
O  H  E  A  E  K  Y  S  T  T  E  J  Z  I  C  V  K  W  D
C  F  Z  N  T  X  S  I  S  A  O  Y  P  H  F  L  S  R  J
U  M  F  O  S  G  K  X  T  W  D  N  C  H  E  I  H  U  R
L  Z  D  R  Y  Q  C  A  E  T  U  G  I  M  H  L  H  B  H
V  I  Q  D  S  H  S  A  X  J  B  L  X  C  A  N  Y  O  N
K  Y  P  E  O  E  T  M  Z  E  L  B  B  K  S  I  M  T  D
A  V  O  S  C  H  E  C  U  K  U  A  R  T  W  A  L  Q  R
H  Q  J  E  E  A  R  T  H  Q  U  A  K  E  U  L  O  D  J
E  F  E  R  J  C  R  C  W  D  K  Z  L  E  V  P  Q  H  I
G  G  R  T  O  N  K  K  H  O  T  R  I  C  R  I  E  L  D
V  S  S  H  R  E  E  Q  P  S  J  Y  L  C  S  L  R  D  G
```

| | | |
|---|---|---|
| BIOME | CANYON | DESERT |
| EARTHQUAKE | ECOSYSTEM | HILL |
| LAKE | MOUNTAIN | OASIS |
| PLAIN | PLATE TECTONICS | RIVER |
| VALLEY | VOLCANO | WEATHER |

# Geography Trivia 2

```
V  F  R  A  M  X  Q  X  K  D  J  G  A  Z  U  V
B  D  P  H  F  H  Q  R  C  S  R  S  Y  U  L  S
H  L  I  S  T  H  M  U  S  G  V  O  N  N  T  X
O  S  A  G  Z  D  Y  E  V  T  G  T  J  S  L  C
Q  G  T  P  E  N  A  H  C  A  E  B  D  F  K  I
C  S  L  Y  F  N  H  C  L  U  P  S  K  P  J  A
A  O  E  A  R  N  Z  E  K  S  H  Z  P  H  I  W
D  Z  D  I  C  F  P  C  C  O  M  H  F  T  I  O
U  A  K  V  P  I  L  E  R  O  A  Z  O  J  G  D
N  P  Z  R  H  F  E  E  R  L  A  R  O  C  U  F
E  D  D  C  A  P  E  R  Y  N  N  S  Y  F  N  A
Q  N  R  W  E  J  M  Y  W  K  L  Z  T  F  Q  F
T  A  Y  V  A  L  U  S  N  I  N  E  P  N  N  K
L  L  F  A  D  Y  H  E  I  P  Z  I  I  D  E  T
Z  S  N  R  Y  H  D  P  P  N  V  P  W  P  U  I
O  I  N  A  E  C  O  T  Y  J  V  G  V  P  X  O
```

ARCHIPELAGO
COAST
DUNE
ISLAND
PENINSULA

BEACH
CORAL REEF
FJORD
ISTHMUS
SEA

CAPE
DELTA
GLACIER
OCEAN
SHORE

# Geography Trivia 3

```
R  E  Z  Y  Y  W  W  T  I  W  R  Q  X  F  S
A  H  J  T  S  E  R  O  F  N  I  A  R  E  R
I  M  W  V  F  U  R  K  U  O  S  S  D  W  Q
N  K  N  T  N  E  M  E  L  T  T  E  S  Y  P
S  O  S  N  L  U  L  O  I  A  E  A  N  E  R
H  L  I  C  R  G  K  I  O  Q  P  S  W  Z  X
A  C  I  T  Y  Q  W  U  P  K  P  A  G  K  A
D  L  R  V  A  E  N  S  R  L  E  V  W  R  O
O  M  U  I  T  L  D  K  W  B  Y  A  D  C  L
W  I  R  L  L  P  U  G  J  R  A  N  P  Y  F
D  N  A  L  A  T  I  P  A  C  U  N  I  U  W
R  N  L  A  I  X  O  U  O  T  B  A  V  H  S
D  Q  G  G  G  V  T  W  C  P  C  H  B  H  Q
L  F  K  E  S  S  V  W  N  H  Y  Q  M  U  X
G  Z  F  X  E  K  J  X  Y  G  E  H  L  V  W
```

| | | |
|---|---|---|
| CAPITAL | CITY | ESTUARY |
| POPULATION | RAIN SHADOW | RAINFOREST |
| RURAL | SAVANNAH | SETTLEMENT |
| STEPPE | TOWN | TUNDRA |
| URBAN | VILLAGE | WETLAND |

# Geography Trivia 4

```
M R N D M D P B D L J B O S B G V H V J Q D
L O S V I I D S Y M E N N M O B P L S T O Y
E Z K I I R P B W K V H R P U J E H D D D U
M J P Z R G Q V N Y G W K M N Q M X J Q O S
S G E X L B Z U I T N H Z Z D B N L D T C Z
Z Q S O A Y E C N I V O R P A Z X N P R L P
D O P S T P W U H S S H I C R P Y H Q R O E
V S T A T E E T H N I C I T Y T V N V M S Y
V R L Y M M J P P E X Q G Y A S Q A R Z G T
B A H R U L S N G D C D R Y I N X T W H G L
L R W W N C A A V N I O G C V I O N C Q H A
H H U V C Z U C H O T H A G J R X P M W W F
G G X E L G J Q I I X L M K S B H F G B Z J
R Z Z P N Q Z U R T M R E G K F B R X A G A
E E K A I L G R N A I E B R K Q U N Q G H U
G Q L W P I E K P L B L S K U B T H U T P Y
I C U I H T U C E U Y I O G L T D A G F V T
O M R B G Y M A Z P S E C P B P L U A P G Y
N Y S O G I H Q M O R F E Y S T V U C S C Y
M J R G N Y O V A P X M M M U Z G W C B R N
P B A S Y R T N U O C A W O S N I B Q J F A
D M Y Y U S I Y F G N P I W H J Z R O Z P H
```

BOUNDARY
ETHNICITY
PHYSICAL MAP
PROVINCE
RELIGION

COUNTRY
LANGUAGE
POLITICAL MAP
REGION
STATE

CULTURE
NATION
POPULATION DENSITY
RELIEF MAP
TERRITORY

# Geography Trivia 5

```
B Y Y Z S U B C O N T I N E N T W L A D I T W
Y H P A R G O E G O O Z W U G X Z W S L E T A
Q P C V S T M B N K D M F I P V H D S Q E E T
O A O U F E N C I O R S Q P B D P W T U Q M E
B R B Y V S T R H T Z I T B O P P M R P P I R
I G Q S J V P T H S S E P F I O W S J T N W S
N O V D P P R R L R T L M O H O W R J Q S L H
F E V P J A G S S E M G F I O D J O O E Z O E
T G C I L I T J W T M J O R T P B C G C Z G D
V L G J S L O I C A S E Z V T Z T K G D V Q N
W A B C A E M B A W M H N O Z C Z F C E O A M
B I X R S E I E D L R Q P T X E E O D N L P H
P C S A V Y B R A A A P C P Y W R T N C Y W
S O T B N A W W S I G N B N R A P M E I A H C
M S T A W Z I J C R V V A Q Q R T A M S N X E
M E C M W Q V P A O I B L L L Z G T P G I B J
J E C O B V I P J T I Z P B R Y L C I E N S K D
H N L L Z Y H Q Y I V R G T Q S C O R R M R T
I J Q A J I S C G R M Z I H Q I I N A I N X X
I U C J C I K C H R R A I J Y I H S T Y U S A
P K X M G S P F K E R K B C U C X T U T G P T
I V A W K P B Q F T X H M F U G S U R P E B A
W P M J H C I W S B L O Q C B W N I E S J X T
```

# Geography Trivia 6

```
V S N R E T T A P D N I W O G X N L K T R
E R U T C U R T S A R F N I J R J B U Z N
M N Q M P N C C Y X Z I E U V H G N S Z J
S U A Z N K O P S G S B P S N G N J K D Y
E D S F S B Q O J E X Q C A U X I B Z Y I
K T O Z A B P N J U J F I G Z D S D S J O
S U S T A I N A B I L I T Y Q X N M F J R
U N F E K A I T A C Y Q N B Z H E A O O Y
U O C E S L J U L G G Y A U L D S Y L G C
M I P R B C R I N O P J Y M U E R O G B
K T P L A T E A U X L W Y S C C T L C R W
W U T P A J N L L X O D L V C X O I K N H
V B S E E G S R P D E W K X E H M Y G P O
M I Y S A Z U E U C G M N K P O E B U R U
X R O D I E S S H O M I P R F O R J N U U
B T N O Z D M O E S F Y O E C K L L Z N Q
W S G A U A H U V D G M F Z E F S E J Y G
T I C H T W O R G N O I T A L U P O P P Q
C D E I V M F C W E J N S F O M G W I F Q
L X O Q F X N E G T U H W F H E I P O P A
N O N H T N O I T A R O L P X E Y A O A C
```

CENSUS

EXPLORATION

GEOLOGY

GEOMORPHOLOGY

GIS

GPS

INFRASTRUCTURE

LAND USE

NATURAL RESOURCE

PLATEAU

DISTRIBUTION

POPULATION GROWTH

REMOTE SENSING

SUSTAINABILITY

WIND PATTERNS

# Geography Trivia 7

```
R R S S W S P P L I Z J Y S D V H M O T J
I G W E X A A M Y I D A V R X X W I E P X
M D B H R U Q D I S V P N Y U D O G T X L
N L N T P U O O Q G E X G W L A W P Q H F
Y R N R Q G T H L U R R T E G R P F F V L
G U N O R O L A L Z X A I T E X W X Z Q D
N U L N C M C A E H D F T T O H H T U Q K
H H H C K I L M C F C K X I T B R Q O O Q
I F W I M S H A V I L C O U O R E T A B Q
R Z B T T O H P T E A A Q T U N L M Y T C
G Z G E A T N E A I U L C D R C A J A W O
B E B N S Q N U U R T I Z I I S C Z F G O
E C K G A G V H M K G U G R S M L Y N B I
I Q F A A T P D J E R O D Q M Y U S M F U
Z E Y M E R I D I A N M R E X A H U P J S
L V S I H J T W S I N T H O L J Q P Z L O
J M H D V X S E N I L E D U T I G N O L R
D X H X M A P P R O J E C T I O N E K D B
L Z M N Q F G G E O T H E R M A L E Z T E
I K S V M R Q S M N E W Q R W S N S P S X M
G E O C A C H I N G E O D E S Y G Y C P R
```

GEOCACHING

GEODESY

GEOTHERMAL

GEOTOURISM

GLACIAL

LATITUDE LINES

LONGITUDE LINES

MAGNETIC FIELD

MAGNETIC NORTH

MAP PROJECTION

MERIDIAN

MIGRATION

MONUMENT

OROGRAPHIC

PHYSICAL FEATURES

# Endocrine Express 1

```
V F N O I T E R C E S Y V S J P O L Z G P
R W R M N Y B Z A D T M Z E T L L E U R F
Q C I K S D Z S F B R O K K R V G C G P N
U U I N U U U P F K E M Z L X B J A Q D Q
T Q S S L A K N R L G M L B E R W A C L O
H N G Y I V A P I T U I T A R Y T L V D Q
F Y J K N K T Q K A L Y X S R I V L U M D
G G X N A C Q E C T A Z H E Y I P D P T N
D D E K L X B A S M T S R G E G I H P H W
U P O E F O D Q Q T I N E G O R T S E Y E
T B K G T R S J O P O W Y Y B O N Z P R H
X X I C E U M I J Y N S J G M W W W Q O X
H B C N G P A O T A X R T D L T U B T I K
E U A H I L V J R R F O G E F H P G I D V
V L S Q X N A C Q V O T U Z R H O Q S X O
C G H O R M O N E R E C E P T O R S O W K
R F B C I N L T D Y B K B O T R N V Z F T
Y O N I Z D T O A C X J C J I M B E C K Y
K P X A A S B K R L N R E N D O C R I N E
N X D H T H R U I O E P C G O N A D S N R
K U H X Q J U Z X L O M Q W J E J O I Q D
```

ADRENAL

ESTROGEN

GROWTH HORMONE

MELATONIN

SECRETION

CORTISOL

GLAND

HORMONE RECEPTORS

PITUITARY

TESTOSTERONE

ENDOCRINE

GONADS

INSULIN

REGULATION

THYROID

# Endocrine Express 2

```
E  C  H  Z  E  O  G  H  R  E  L  I  N  N  O  R  G  J  R
N  S  Q  U  J  H  O  O  K  Y  Y  X  H  M  I  P  D  L  D
L  V  E  E  N  I  S  S  E  R  P  O  S  A  V  T  J  N  M
V  Y  S  R  N  N  X  E  M  R  Y  H  U  V  J  Q  P  S  L
T  E  O  K  O  I  C  H  Q  Q  N  D  M  L  I  U  A  E  V
M  N  K  D  A  T  R  Z  V  Q  I  B  A  P  N  D  R  P  L
B  O  H  T  Q  C  O  H  G  H  I  F  L  E  V  N  A  E  G
T  R  N  N  W  A  X  N  P  I  P  U  A  H  W  D  T  T  B
N  E  P  K  R  L  U  F  I  E  A  A  H  Y  I  R  H  W  D
N  T  J  I  J  O  O  G  G  N  N  F  T  P  I  K  Y  E  A
Y  S  R  I  X  R  G  M  I  D  C  I  O  K  G  A  R  Y  Z
D  E  H  P  Z  P  C  C  R  J  R  N  P  W  W  T  O  W  C
S  G  Y  R  U  I  O  O  H  K  E  T  Y  E  C  F  I  T  O
V  O  W  R  N  T  G  X  L  C  A  H  H  P  R  X  D  Y  S
Q  R  E  Q  Y  E  C  A  T  Y  S  J  I  H  W  O  T  M  H
B  P  J  X  N  Z  L  I  L  Q  O  D  W  C  V  B  N  L  I
C  B  O  S  M  H  N  J  Y  P  D  O  P  A  M  I  N  E  U
L  L  V  K  I  Y  V  N  B  E  N  B  B  S  V  K  M  B  Y
E  L  U  B  A  W  O  Q  X  E  Q  C  E  S  U  K  Y  S  B
```

| | | |
|---|---|---|
| ADIPONECTIN | ANDROGENS | DOPAMINE |
| EPINEPHRINE | GHRELIN | HYPOTHALAMUS |
| LEPTIN | NOREPINEPHRINE | OXYTOCIN |
| PANCREAS | PARATHYROID | PROGESTERONE |
| PROLACTIN | SEROTONIN | VASOPRESSIN |

# Endocrine Express 3

```
I  I  T  O  O  B  B  B  C  M  J  X  Q  S  C  W  C  S  T  I
Q  L  K  F  V  H  E  G  K  X  U  G  R  W  T  O  S  M  Q  F
J  B  O  A  X  K  R  S  B  D  L  T  E  B  M  C  F  C  S  A
W  U  O  M  L  G  H  J  K  G  U  I  C  C  J  Y  T  N  O  E
B  U  N  I  A  O  G  A  F  M  G  Z  R  Y  Q  A  H  S  E  N
Z  W  R  I  U  A  Q  Z  C  P  B  U  Z  V  R  U  Y  O  Q  W
D  P  N  I  B  I  N  I  D  T  K  T  Y  Q  S  A  Y  N  X  C
D  I  Z  Y  R  K  B  P  D  G  L  U  C  A  G  O  N  Z  U  U
Q  R  O  S  A  K  K  L  N  I  S  O  M  Y  H  T  S  L  G  Z
N  A  C  R  D  Z  J  I  R  I  G  V  O  W  T  Z  O  C  T  F
C  E  V  U  Y  R  F  V  S  A  N  Q  F  L  D  L  M  V  A  V
H  T  U  F  K  H  I  W  L  M  L  O  C  K  H  D  A  S  E  E
C  K  G  U  I  M  T  S  P  Z  S  I  T  N  V  Y  T  U  N  G
M  I  U  Q  N  M  J  A  J  I  P  Q  I  S  I  O  X  W  C
G  J  I  O  I  S  O  T  R  Y  C  Y  L  S  C  T  S  O  B  M
C  F  Q  N  N  H  E  E  P  A  A  B  C  W  M  L  T  H  I  A
M  W  A  I  L  Z  N  W  T  N  P  S  H  V  X  R  A  F  N  Q
U  F  U  C  V  I  Z  L  B  Q  E  I  S  H  F  K  T  C  W  S
C  A  S  S  N  E  F  A  N  G  I  O  T  E  N  S  I  N  X  J
P  I  C  H  O  L  E  C  Y  S  T  O  K  I  N  I  N  T  F  I
```

| | | |
|---|---|---|
| ADH | ANGIOTENSIN | ANP |
| BRADYKININ | CALCITONIN | CHOLECYSTOKININ |
| FSH | GLUCAGON | ICSH |
| MSH | PARATHYROID | RENIN |
| SOMATOSTATIN | THYMOSIN | TSH |

# Endocrine Express 4

```
X  J  F  B  S  S  T  E  R  O  I  D  S  A  G  L  L  A  T
Q  E  J  D  L  E  Y  M  R  H  U  B  K  R  D  T  H  I  E
B  B  N  M  B  O  N  L  K  G  Q  E  Q  I  H  N  Q  V  R
T  V  Q  O  U  C  I  I  N  Q  B  Y  P  S  T  I  P  P  R
U  R  T  Z  P  S  J  D  M  K  C  K  V  L  J  B  Q  C  S
Q  L  I  G  X  S  D  J  A  A  U  T  M  X  I  I  W  P  Q
X  C  U  G  H  P  I  H  X  R  L  O  F  Y  F  H  Q  Z  M
F  M  X  E  B  O  S  N  I  E  T  O  R  P  T  N  W  T  K
F  O  I  U  I  J  L  F  G  B  F  S  H  L  C  I  P  U  D
L  V  L  J  P  K  K  V  W  L  W  B  E  C  Y  X  R  Y  Y
F  R  W  L  R  D  Q  P  I  Z  G  Q  M  O  E  O  Z  C  L
E  K  K  E  I  Y  P  P  S  C  H  P  H  N  T  T  I  C  T
H  M  L  L  S  C  O  K  N  S  A  I  I  E  G  O  A  C  Z
Z  Y  W  B  K  T  U  I  Y  D  M  V  N  D  V  D  S  C  A
U  Z  W  T  R  Z  X  L  I  B  U  S  Z  W  V  O  D  V  X
L  W  J  O  D  A  E  Q  I  W  I  X  Y  W  I  R  V  Q
S  E  P  N  L  R  W  N  C  N  U  V  X  F  D  T  S  M  D
L  I  A  E  G  Q  E  K  I  S  Z  R  L  D  I  E  D  S  P
N  T  R  C  N  X  P  I  K  I  S  S  P  E  P  T  I  N  X
```

CATECHOLAMINES

ESTRADIOL

FOLLICULIN

INHIBIN

KISSPEPTIN

LIPOTROPIN

NPY

RELAXIN

STEROIDS

TETRODOTOXIN

UROTENSIN II

VIP

WNT PROTEINS

XENOPSIN

YOHIMBINE

# Endocrine Express 5

```
E F A X M O T B F W D X T B R A R F G M C Z H Z
U S A O V U P M Y T K K R C B Y V E L D V N D M
C L E Q E H E J U F B X I U O I N J L K G S H W
D A W D J G L J I H N A S C M T H H Q A T E V A
V C C B I Q G G H I S L P E J S B R X M S X L C C
S P M Q C T S Z T N J M H Z B X H Q H D K I X W
R F G U D V P C F Z D A O C K I N I N O G E N S
I D G U Y X E E T H N F S J V F A G I I K K L S
J R L F T L J R P P X A P M A Z E U D J D A A D
V K H D A Z R V H C M X H T O I K A E O Y E Z U
L Q K G K H M Q E A I Q A D R N N F M C H C Z S
P R W Z V G L V R Q T T T P D W I V O T E T U E
V T A Y N R R L O A F X E F J D I C T I D F O N
H G D Z Q S E Z M Y F X P R P L Y W A Z Q Y G O
I H D C L R K J O D Y Q F U U K V U M C J H Y N
M J V G Y S O K N Y J J L K V I G P O M I F X I
F Q V I K E Q C E J G D F O B X R S J Q D Q U
I H K B Q E L O S I I I M T Y B I T E T U K E Q
M C V L K X U N H O N D A A T U H W A W O N X S
K A O O V P I K F N C O W B C E R Z F N D B S M
B W I P W X M O T I L I D E S R C Y H T O E M X
C I F H E W D L I P O C A L I N S I D W N C Q G
O X L R N M V J X T T J A K K F J T K M L Y V A
T L O L S A M W S N H B M R K O P L U F Z Q I O
```

FGF
TRISPHOSPHATE
LIPOCALINS
OREXINS
RELAXINS

GALECTIN
JASMONIC ACID
MOTILIDES
PHEROMONES
SOMATOMEDIN

HRH
KININOGENS
NATRIURETIC PEPTIDES
QUINONES
ZGDF

# Endocrine Express 6

```
O Y V F C A T C X V C P X U T Y F E N E C
K N F Z N J R Y P E C Q B H L S P B P B C
M Q N R U X Z J P R R F P M O O R W Q S O
I H Z L B R N Y L D Q S Z K I L L J X J I
T Y E F L I C R H V O V Z E C S A S P U S
S E D P F S D F D C S C G L J T L M A V S
Z Y A D C B D O L I C H O L T K E S B E I
X U N U E I Y I D N J Y E X J K S W C N Q
G Q I O G B D C O H T T H O D H A E G I I
V X S H U A P I M R Z F H H A T T K P L D
G N E S F A T I N N E M B U T E P L K E G
P N B N Z D O N I E G T Z O P W I O N H H
B V M L I Q I A T G R H S J L D R T E O L
G K O X R N Z R A O H Y Y Y L A T H V R U
D Q B V A N E Z T T G X J U D Y A O V M T
O V I L P Z G G S C Q P C K W C M E R O S
G M A A M E P C O A D Z H E A S E R E N W
W G B W S V I H C L V T R N Q Y H G R E Q
Y K V S S K D I N C E F L G W M V F M S B
R Z Z O B M J Z O L Y M U H E S U S Q B O
G N Y P I I E G O Z X R A L B I I C V Q U
```

AMELOGENIN

BOMBESIN

DOLICHOL

ECDYSTEROIDS

FSDF

GALANIN

HCG

HEPCIDIN

ILP

JUVENILE HORMONES

KLOTHO

LACTOGEN

MATRIPTASE

NESFATIN

ONCOSTATIN M

# Endocrine Express 7

```
Y X F M N P N H G S B U K V K K A U U L Y R
W C H H E I B O X J J E Y Y Q O C A X E Y Y
V N T Q G B P F P W Q C F G B Z U D M Y L H
F G T U A W R O P J V A T K X O D R S T T S
F R P B P M X M R J K T L S A N N E O N N A
U N Q H Y T K A B T V C Y G P U M N H B T U
Q L S E N A X O B M O R H T R L D A P G W K
U P E J Y X Z X C U D M J K Y I H L W K Y B
R Z X U A Y Z Q Y N I B M T C N G I O J M K
O H O P R K L P N W K T V A Q V D N G P Q T
T Q R O K O O G V I N Y C C M Y A E O V D Y
E M N G E W C C O B C I M H W O E O D V A D
N M R O B V H O X P N S F Y O P T S L A G G
S A Y W V Z K N R E A Z E K L I A A F V O K
I R M V F E G Y R T U N R I Q M C L M A Q W
N L X Y I D N U B K I U K N U U X M F O M X
Q H R H Y T H M I N X N B I C Q H Z Y E S A
P R L I D T A Q U T F S S N N D X I X I H D
O H S H N X R M F K F J A S P I Z X C R S T
V N G A G Y W H I Z R H P Y A A N L B L J B
I L X S L A E E S N U M F Q O C F C H H N W
I R E J Z U T A F J D D N F W Q M T M L G U
```

ADRENALINE

RHYTHMIN

THROMBOXANES

VGLP

XANTHURENIC ACID

PANKININ

SOMATOMAMMOTROPIN

UROCORTINS

VITAMIN D

YOPT

QUIESCIN

TACHYKININS

UROTENSIN

WNT

ZONULIN

# Swinging & Sliding 1

```
D  W  M  A  T  T  I  W  T  K  B  Q  I  V  C  O  K  Y
M  P  A  U  R  M  Y  G  E  L  G  N  U  J  A  Y  G  Y
M  L  S  T  R  A  M  P  O  L  I  N  E  C  S  U  W  B
X  A  S  A  N  C  R  G  E  A  L  C  N  B  H  I  D  T
E  Y  E  G  N  C  H  C  T  B  V  P  M  T  K  I  N  X
B  S  E  B  O  D  N  U  O  R  O  G  Y  R  R  E  M  J
N  T  S  J  G  G  B  I  D  E  T  H  K  J  A  R  I  N
X  R  A  L  W  N  A  O  D  H  S  O  T  L  C  Z  J  L
P  U  W  D  N  I  I  I  X  T  C  U  L  K  C  V  S  W
L  C  O  U  P  W  L  C  Q  E  F  T  O  N  V  U  S  I
A  T  T  Q  C  S  K  H  N  T  Q  J  O  H  O  Y  I  H
Y  U  I  J  W  R  B  J  R  A  U  N  I  C  Y  Q  V  S
S  R  A  B  Y  E  K  N  O  M  L  D  T  J  S  A  L  Q
E  E  X  H  B  H  B  Z  A  V  T  A  T  W  Y  P  L  M
T  D  I  P  F  S  F  W  C  L  I  M  B  I  N  G  O  P
X  U  Q  B  X  S  G  W  N  O  U  V  F  N  O  N  H  H
L  K  C  Z  D  O  O  F  T  C  A  I  I  K  T  A  C  Q
D  B  Z  S  B  H  F  P  D  G  R  N  V  E  U  S  P  Q
```

BALANCING BEAM   CLIMBING        HOPSCOTCH
JUNGLE GYM       MERRYGOROUND     MONKEY BARS
PLAY STRUCTURE   PLAYHOUSE        PLAYSET
SANDBOX          SEESAW           SLIDE
SWING            TETHERBALL       TRAMPOLINE

# Swinging & Sliding 2

```
V B Y Y W V C T E E T E R T O T T E R D
C O A T G I R Q J S G W S Z T Q K D W V
Q Y L S F W O R T Y M V G S F R N C D V
P N E L E X R P R L J Z Q K Q N Z P P E
P G Q R E B F O U R S Q U A R E T D A J
E M F E V Y A K O L Z B P T E Q Z L T Y
R L P D K W B L C Q I J W E C S H E I G
V M G I F K U A L A P T F P C E G I P Z
P T F R H R W J L D L J X A L E P F L X
A C D G M E U P A L I Z R R I S D R L L
O I Z N L M T G B U N A X K M A X E A T
L S J I P G C N T S E E M H B W I C B I
M O H R B A N H E K Z K T O I U O C I F
S J O P S F N E K J Y W P G N A C O H B
D P U S G F L A S F N N C Q G D K S G L
E K H O X K B W A X C Q S H W U S Q B C
S W I N G I N G B R I D G E A I C U B D
M H V L K Z J L G S B B V F L L Z S D W
T I K C A X L W G C K R Q F L B K G B K
M V U Y P J Y B V A B U C B D E W K E W
```

BALL PIT
CHALK
JUMP ROPE
SOCCER FIELD
TEETERTOTTER

BASEBALL DIAMOND
CLIMBING WALL
SEESAW
SPRING RIDER
VOLLEYBALL NET

BASKETBALL COURT
FOUR SQUARE
SKATEPARK
SWINGING BRIDGE
ZIP LINE

# Swinging & Sliding 3

```
H N J N G Q J H H R S T O S Y K C V T
D R L W A T E R F O U N T A I N P K U
G E C H H T F K I M G B X F S A S C N
Q J C Y I T S U N S H A D E Z Y D A N
Y V F N D O Z T K F T X P T N O F C E
B N L S E E S K W Z Y U A Y B O Q Q L
M I T T O F L L I A R T S S E N T I F
V B W O U R K B F U E Y T U F V V K X
B H I Y T N F N A D P A O R Y Q R J C
K S S B I D M J I T C M W F S S F K Q
M A T I W C L L F L C L E A F V F E W
V R E H D K S G E H N I R C P G X O P
W T R L J L P C R X I I N E H V W B E
U J S M A E O O J B O U A C Y M N F J
K E L R P U V J V O Q M N H I X M Z I
V F I G R U G F R U K E Z O C P E P U
Y P D S Q P H I T C B J I O O R N L T
S O E L F T X N P Y X G M B B X M M T
D O T C J R U B B E R M U L C H E N F
```

BENCH
HIDEOUT
RUBBER MULCH
SUNSHADE
TUNNEL

CHAIN LINK FENCE
OBSTACLE COURSE
SAFETY SURFACE
TOWER
TWISTER SLIDE

FITNESS TRAIL
PICNIC TABLE
SPIRAL SLIDE
TRASH BIN
WATER FOUNTAIN

# Swinging & Sliding 4

```
E  G  D  I  R  B  Y  A  L  P  W  R  M  K  I  M  R  A  L
S  Y  O  T  X  O  B  D  N  A  S  M  A  P  G  Z  N  R  G
R  R  O  K  X  I  V  R  M  F  D  S  D  J  C  T  W  C  K
O  P  W  B  D  I  G  G  I  N  G  T  O  O  L  S  L  L  F
H  T  E  S  S  G  N  I  W  S  Q  P  N  Y  I  I  T  B  Y
G  D  R  I  A  T  E  I  D  W  Y  B  N  A  M  K  O  L  Z
N  K  E  N  G  C  A  K  D  B  Q  C  T  B  B  H  D  C  L
I  R  U  F  Q  D  V  C  X  K  L  Y  I  K  I  M  D  Q  I
K  Q  G  A  Z  J  A  F  L  I  T  N  H  D  N  V  L  I  S
C  E  N  N  W  B  R  P  M  E  G  H  B  D  G  C  E  S  L
O  X  J  T  H  G  D  B  H  D  T  H  F  Y  F  N  R  N  L
R  N  T  S  H  Y  I  Q  O  S  T  U  C  T  R  Z  A  X  M
G  V  I  W  F  N  Y  M  A  E  A  H  N  E  A  O  R  L  L
G  W  Q  I  G  R  E  V  P  D  L  L  F  N  M  Y  E  T  M
J  G  L  N  H  A  E  R  A  Y  A  L  P  R  E  T  A  W  J
V  M  E  G  R  P  Z  H  A  G  B  P  H  S  U  L  C  X  Q
R  T  B  S  N  H  T  A  P  E  L  C  Y  C  I  R  T  N  O
X  R  H  D  R  G  R  P  L  A  Y  T  U  N  N  E  L  O  K
Z  D  T  Y  C  K  M  A  A  T  C  W  N  O  C  I  A  L  C
```

CLIMBING DOME           CLIMBING FRAME          CLIMBING NET
DIGGING TOOLS           INFANT SWING            OBSTACLE TUNNEL
PLAY BRIDGE             PLAY TUNNEL             ROCKING HORSE
SANDBOX TOYS            SPLASH PAD              SWINGS SET
TODDLER AREA            TRICYCLE PATH           WATER PLAY AREA

# Swinging & Sliding 5

```
O  G  L  G  Z  F  J  B  S  Y  O  T  G  N  I  R  P  S  T
Z  C  O  E  N  M  C  E  E  M  Q  L  G  C  H  J  B  K  I
E  G  S  L  D  I  D  L  E  I  F  Y  S  S  A  R  G  X  R
G  X  G  K  G  G  W  E  R  M  G  B  R  Y  K  V  U  L  E
A  R  N  U  G  N  Q  S  Z  A  A  S  W  R  O  L  Y  C  S
Q  E  I  D  D  U  I  F  H  L  Q  H  K  R  E  O  M  B  W
Z  D  R  R  N  A  X  L  A  C  J  A  K  H  E  F  P  M  I
O  D  G  V  F  B  I  N  L  M  N  D  P  G  S  O  R  W  N
R  A  N  A  I  R  C  A  T  O  R  E  G  S  T  W  Q  K  G
B  L  I  Y  V  E  Z  A  Y  H  R  S  B  D  S  K  V  R  Z
B  E  G  D  B  D  Y  K  C  A  R  T  G  N  I  N  N  U  R
H  P  N  O  F  D  P  J  Z  N  S  R  F  E  J  A  C  Z  K
H  O  A  T  D  A  C  B  O  D  I  U  T  A  X  N  M  P  S
S  R  H  S  L  L  U  A  E  R  A  C  I  N  C  I  P  V  H
D  S  P  I  N  N  E  R  N  A  I  T  Q  N  I  X  D  A  P
R  G  O  N  P  I  C  B  W  I  I  U  I  N  P  Y  E  V  L
C  J  E  V  M  A  R  C  Z  L  Q  R  F  Y  R  O  H  E  G
O  M  X  T  E  H  J  V  I  S  J  E  E  T  T  I  F  N  X
A  J  K  Q  A  C  B  A  B  Y  S  W  I  N  G  J  J  F  B
```

BABY SWING
CHAIN LADDER
HANGING RINGS
ROPE LADDER
SPINNER

BALANCE BOARD
GRASSY FIELD
PICNIC AREA
RUNNING TRACK
SPRING TOYS

BENCH SWING
HANDRAILS
ROLLING LOG
SHADE STRUCTURE
TIRE SWING

# Swinging & Sliding 6

```
L T U L I N W R Y I F D C D G S L
C T Y H L S Q B E Q C N Q B V R L
J W O G I X K G S D D V C N M W A
R S J J T L E W D W R M X O L P B
V P K F S B H O W U W O S D N E P
Y I I M C T D B B X L A V P P S O
D N C G X H I B L X I H O E Q E H
R N K H A J E C C A V L R R R R
Q I B T A R A S T K V C S G O U G
P N A N T I D I S A O L G O T T R
A G L I K R L B X T C Q I L W P K
C S L R F E R R J Q A T E A C L M
I E X Y S U R X O W X B O G W U T
S A B B N G X R W D V E L E D C K
Y T C A O W I N D C H I M E S S F
V H U L A H O O P P U B Q X A V M
L E S L E N A P Y A L P U N A B S
```

CHESS TABLE
KICKBALL
PERGOLA
RUBBER TILES
TAG

HOP BALL
LABYRINTH
PLAY PANELS
SCULPTURES
TICTACTOE

HULA HOOP
MOSAIC TILES
RED ROVER
SPINNING SEAT
WIND CHIMES

# Rush Hour Traffic 1

```
K  J  N  L  A  T  B  Y  S  I  S  Q  A  X  Q  M  K
V  Z  D  O  E  G  P  R  Y  I  M  B  Q  D  Y  C  L
E  Z  H  K  I  L  W  I  H  P  G  C  Y  K  D  O  X
O  L  U  H  L  T  W  Y  J  N  Q  N  T  E  L  Y  B
V  H  A  O  I  A  C  F  V  X  B  E  A  B  H  H  R
F  B  R  N  V  S  W  E  V  I  P  D  B  L  T  M  J
D  G  V  G  E  D  M  E  S  T  E  X  T  G  S  N  X
A  H  X  W  H  A  O  F  D  R  D  E  U  K  Y  W  C
T  X  D  Y  I  N  T  B  J  I  E  M  A  Y  M  R  A
N  L  M  A  C  O  O  L  W  R  S  T  C  K  O  Y  A
K  N  H  W  L  Z  R  J  T  Z  T  A  N  S  N  F  X
N  F  P  H  E  C  C  S  Z  K  R  C  S  I  L  K  H
U  Z  L  G  D  O  Y  X  S  C  I  W  E  J  D  E  M
R  K  B  I  C  Y  C  L  E  C  A  B  Q  A  A  J  J
O  F  J  H  N  T  L  L  O  L  N  W  O  E  H  F  X
G  Q  O  N  E  W  E  G  K  C  U  R  T  W  M  C  R
K  D  C  I  H  R  P  Q  F  O  O  T  G  S  U  B  Q
```

| | | |
|---|---|---|
| BICYCLE | BUS | CAR |
| CROSSWALK | HIGHWAY | INTERSECTION |
| LANE | MOTORCYCLE | PEDESTRIAN |
| ROAD | SIDEWALK | SIGNALS |
| STREET | TRUCK | VEHICLE |

# Rush Hour Traffic 2

```
X  L  D  E  P  N  D  N  I  K  B  U  C  T  H  V  G
K  S  Y  E  L  S  P  E  E  D  L  I  M  I  T  C  X
M  O  N  O  T  F  R  P  W  K  E  W  G  V  E  S  W
D  M  O  S  N  O  I  T  C  U  R  T  S  N  O  C  F
J  Y  V  I  L  T  U  K  K  P  T  O  T  I  R  M  H
F  I  Z  M  L  F  R  R  L  B  R  R  N  F  C  G  U
L  E  T  I  X  E  J  A  F  E  A  X  J  U  B  Z  R
B  L  R  C  T  M  R  D  F  N  F  F  U  Q  K  S  B
F  D  K  U  Q  E  J  U  C  F  F  Z  Y  N  T  S  J
C  S  G  C  O  N  G  E  S  T  I  O  N  O  S  Q  R
O  I  L  E  Y  H  R  V  G  O  C  C  P  G  C  Z  I
M  G  M  B  G  A  H  O  Y  A  L  S  J  M  W  C  F
M  N  Z  A  M  R  C  S  E  I  I  C  W  A  Y  S  L
U  H  R  P  K  R  E  I  U  G  G  M  E  D  M  U  L
T  G  Y  I  K  M  Y  M  N  R  H  P  M  N  F  J  Y
E  V  H  T  O  O  B  L  L  O  T  S  H  X  A  B  N
R  Q  C  Y  Y  K  X  E  D  Z  G  H  G  T  V  L  M
```

COMMUTE
DETOUR
LANE CLOSURE
SPEED LIMIT
TRAFFIC JAM

CONGESTION
ENTRANCE RAMP
MERGE
STOP SIGN
TRAFFIC LIGHT

CONSTRUCTION
EXIT
RUSH HOUR
TOLL BOOTH
YIELD SIGN

# Rush Hour Traffic 3

```
Z  E  G  D  I  R  B  G  X  S  H  B  T  W  W  S  Q  A  H  B
U  N  D  E  R  P  A  S  S  U  Q  T  A  M  G  Y  G  Y  A  B
I  A  O  I  H  A  T  K  E  H  C  A  M  Y  U  B  A  F  N  E
S  I  Z  C  U  R  B  V  A  M  F  M  T  Q  S  M  S  R  D  W
Q  D  V  U  N  K  T  Z  R  B  O  H  T  N  R  D  Y  B  I  J
T  E  L  Y  K  I  R  U  Q  K  I  W  J  P  H  Z  N  Q  C  P
A  M  T  I  D  N  W  G  N  I  K  R  A  P  G  H  O  Z  A  G
V  K  R  O  S  G  L  O  A  N  E  V  P  I  R  M  P  R  P  B
S  O  E  P  O  L  M  H  Y  A  E  J  G  Y  E  Z  A  L  P  V
S  F  Q  Q  Y  O  W  Y  Z  M  I  L  K  E  D  L  R  A  A  I
D  B  C  K  A  T  E  X  E  H  I  T  D  M  L  O  K  U  R  W
Q  Z  A  J  Z  N  F  N  E  D  Z  W  O  E  U  U  I  W  K  L
G  C  M  L  D  X  T  R  M  N  H  X  L  N  O  Z  N  A  I  V
O  P  S  S  A  P  R  E  V  O  P  D  W  H  T  G  R  N  A
G  J  O  R  O  I  X  U  A  E  A  A  L  W  S  D  G  C  G  I
M  A  R  M  K  H  B  E  K  R  B  M  I  L  M  O  A  K  Y  L
Z  Y  P  C  Z  H  H  K  O  E  L  N  J  G  V  R  C  N  F
I  J  G  J  L  Z  V  I  U  G  G  O  G  W  V  Q  A  U  P  U
L  Q  K  X  X  R  N  T  Q  K  C  S  P  T  X  Q  G  U  J  W
A  O  L  F  B  G  Q  D  Q  Z  U  Q  C  O  L  C  E  Q  W  S
```

BRIDGE
MEDIAN
PARALLEL PARKING
PARKING LOT
SHOULDER

CURB
NO PARKING
PARKING
PAVEMENT
TUNNEL

HANDICAP PARKING
OVERPASS
PARKING GARAGE
ROUNDABOUT
UNDERPASS

# Rush Hour Traffic 4

```
S X E R B E B G M M T S Q W N T I K G Y V Y O D
R G K T H U E E F Q X E X S E H S N S P K Y U J
N C J P L X N W M G E I B S K W W W W C D M R G
U Z B L O D A K B P X W T A I H E O W R K I N A
S Z J E A C L B X H K Y O P F X Q V P O V I R T
Z M Y U G H G K F E M V O R C S K E I S S Y E F
N R U T D N M H Q S P E E D B U M P S W S F B
Y D A G H F I E V C J E N D A Z C P O T B T Q O
Y G T U L M N R Y N W P J N X O Y R E R U J J N
F M X C Z R R Q B A P C R U D C C B R A J A B E
T T C A M D U Y Y N F J E N N N L U B F O X J W
H R P H L S T G A I A J Q A A P D K R F I Y I A
K Y A W H G I H D E D I V I D D M V M I E Q T Y
M J Z F X C S G X N N T R R F F Q W C C N W R S
B J S W F B E P F R V T L T V P K P V K O Q O T
R V G T K I R Z S E S G D S S S E S W Z C T R
B V H T X E C H D E K N K E C E I M A O L D D E
G H O B S N O C D S S F K D F A D Y K I O C F E
D Q A S O U Q E I K Q T N E T Z S E C O O T O T
J W W T P J P X T R O F J P P T U W P C H L K H
P A P X C C B L X Y C W I F R S P H W O C Q D J
Y E N M F E N Y Q S B L Y E C E B W Z A S Y Q L
F G U D C Z N E L B U R E S D A O R S S O R C A
T Z C Z I H K R O S H T R Y I X P E O E B I M S
```

CROSS TRAFFIC
EXPRESSWAY
PEDESTRIAN BRIDGE
SCHOOL ZONE
TURNING LANE

CROSSROADS
FREEWAY
PEDESTRIAN CROSSING
SPEED BUMP
TWOWAY STREET

DIVIDED HIGHWAY
ONEWAY STREET
PEDESTRIAN
UNDERPASS
TRAFFIC CIRCLE
UTURN

# Rush Hour Traffic 5

```
L T G V P O M V B I V Y Q B F D U V D W P P X
K J D V R L Y H P U O Y Q B T D R C P U E Y G
G Y Z E O T T E K C I T C I F F A R T F D J M
G W B V F N O V E R T A K I N G I I T J E W A
M C L L T E G N I V I R D R E D L U O H S T J
E S Q N D M N X H K N S A I R I R O S O T T G
R H Y T C E L S N G K U I F D B O U M E R D J
Z I I S A C Y P I X Q X X Y F R A X H S I E K
W V W E O R R P W V P Y J A X I D T I Q A L O
Q A O U Z O C V R R E O P I X U C R N Q N F Q
A E Y A B F F J O O V D K G D R R P L B S X W
L N Y Q Y N C F A D Q A R N W V O I O R W N C
Q A N R W E N O D A D L E I Y G S A F L D A K
R L Y O G C N H S Y D L G T V Q S H D W I I H
H E D A Z I W X I X D I M A V I I I N R Q C E
W G K D W F W S G H H D C G M W N F C P A C E
G R V W S F C Z N P A R G L W V G G C S R G W
X E K O W A O A O Q Y S B I G C Q H C I N N E
R M D R J R Z T R I U D Y A T S R S K Z Q Y M X
O F Y K E T O J H H H A J T P V J W R J T C B
B R J D T W L P R G X K D E B S Q J B K H O T
D B K J Q Z U P E Q I G Q C C C K U S D Q U P
W X I S U C K N L T G R M E D I X N B V L C A
```

DEFENSIVE DRIVING
PEDESTRIANS
ROAD RAGE
SHOULDER DRIVING
TRAFFIC POLICE

MERGE LANE
RAILROAD CROSSING
ROAD SIGN
TAILGATING
TRAFFIC TICKET

OVERTAKING
RIGHT OF WAY
ROADWORK
TRAFFIC ENFORCEMENT
YIELD

# Rush Hour Traffic 6

```
S  T  L  V  O  J  J  N  Z  J  H  X  T  R  A  E  G  P  O  Q  B  U
U  C  G  X  S  X  L  G  Y  E  L  L  O  W  L  I  G  H  T  H  Q  A
H  R  A  Q  V  I  L  I  G  X  V  A  X  T  U  S  A  R  H  B  S  A
D  J  T  R  D  V  B  Z  U  P  D  Y  H  Y  Y  R  A  R  B  H  K  V
L  X  F  U  P  M  L  O  R  T  N  O  C  C  I  F  F  A  R  T  L  L
O  Q  M  R  R  P  L  K  V  L  O  Q  D  F  J  P  G  C  Q  Y  F
M  K  S  C  L  N  O  U  W  N  Y  R  U  I  R  L  Y  X  G  D  R  C
L  Q  W  N  N  P  S  L  A  W  L  N  C  V  Y  V  S  B  Q  E  F
F  B  O  E  R  Q  E  I  L  K  N  C  I  E  P  W  Q  G  D  T  H  J
D  D  P  Y  E  Y  G  D  G  A  O  K  K  R  T  S  T  L  T  W  G  L
P  X  F  X  T  K  C  R  E  N  N  R  P  T  H  E  I  I  Y  F  I  G
I  G  P  D  T  X  T  W  G  S  A  E  S  E  T  G  O  M  U  G  L  P
H  K  N  T  A  E  A  E  O  R  T  L  C  D  H  W  Z  E  L  Y  N  O
L  N  L  V  P  X  S  I  J  L  Z  R  A  T  V  A  L  R  K  X  E  O
S  I  F  G  C  T  Y  D  R  W  F  W  I  R  K  G  L  G  N  L  E  P
Q  E  A  D  I  C  U  Z  K  B  A  C  L  A  W  O  F  E  H  O  R  B
G  K  W  O  F  M  U  W  U  N  A  L  I  F  N  D  D  S  Q  K  G  U
H  Z  N  N  F  Y  Z  N  L  V  D  G  K  F  M  Z  Y  I  G  I  A  M
O  S  T  D  A  L  G  N  M  Q  R  Z  S  I  F  R  O  G  Q  Y  W  B
T  D  V  D  R  Q  X  C  B  Z  Q  T  B  C  N  A  D  N  R  T  A  S
O  B  S  W  T  P  E  W  F  H  A  B  Q  G  L  G  R  J  E  O  G  X
D  Z  B  T  R  A  F  F  I  C  C  A  M  E  R  A  E  T  L  J  O  L
```

AIRBAGS
GREEN LIGHT
PEDESTRIAN ZONE
TRAFFIC CONGESTION
TRAFFIC PATTERN

CARPOOL LANE
J WALKING
RED LIGHT
TRAFFIC CONTROL
TURN SIGNAL

DIVERTED TRAFFIC
MERGE SIGN
TRAFFIC CAMERA
TRAFFIC FLOW
YELLOW LIGHT

# Rush Hour Traffic 7

```
I G I I U U Z J L I T N O U T U R N Q W B J A J
T R A F F I C B A C K U P P R E K E J V P A Q P
Z L T A E W J M N E Q A W S A W K N L M U O C P
N Z S Z M E H C U O X X V I F N C A A P R Q V P
F J K G E U H F V R N H I S F B L L K I V M F P
J U F G R J B R E H O C N Y I P B G X B J Q T A
B B S M G E J F Z V I A R L C M B N T J E K P R
V S P U E C N A N E T N I A M E D I S D A O R K
H P S J N N G S I K A V T N O N C K G N K U V I
D S J A C A I I B Z L F O A D A P A A U O Z V N
C I I N Y R K G M D U A L A E G R T W R C Z Q G
N R I E K O X T O S M D L T L F V R H Y D M L M
E E O O I Q N H I T I V R A I E E E M R L G X E
C N I H T J T C K G S C O D N F P V C E S L A T
W H J N Q L W U W V C L A U G W S O Q L B D U E
K S T Y X Y Y R O S I V D A C I F F A R T L N R
V P W U Y K R E C I F F O C I F F A R T L B E Q
W G M E L R T R A F F I C F I N E S E S I X M L
J A Y X U W M A F L A S H I N G L I G H T S T J
B U G Z S C S W M R R M W A Z B W L D S V C A
U N F U K E C R O F T W A I F I O Z P T T T J G
K J T P E E H D R E R Y F Q A G E T D Z T S Z A
S B B I I I H X P U N M P Y U Y L H B U M L L P
E F L D V N W E L W X W X O G V J P K Q N R D E
```

DATA ANALYSIS

EMERGENCY KIT

FLASHING LIGHTS

NO U TURN

OVERTAKING LANE

PARKING METER

ROADSIDE MAINTENANCE SIREN

TOLL ROAD

TRAFFIC ADVISORY

TRAFFIC BACKUP

TRAFFIC FINES

TRAFFIC MODELING

TRAFFIC OFFICER

TRAFFIC SIMULATION

# Rush Hour Traffic 8

```
C B M C R Q T B B O H Q K S P G G G M W T T L
S G O B O E R A Q H K S M V X T F Q G P D Q V
I W R H G U A R C Z I G L M A R S F T U S P G
X K Z Z S Y F O D V D A F A W A V R W M O T K
Y K H K D T F A I T X F I V J F A Y A I O A F
R A V Y R Q I D O V F S P D O F N R C H L S B
L K G R A W C S R P B Q W I F I T J M Y G V I
G F T T Z Q I A N H E G H I G C M I P N D B K
D Z C N A P S F G Y V O C Z I M B A I U U N E
J P M E H L L E B U Z E T T O A X K G S Q N S
P I C O Y M A T D E N D Y L P N R B L E Q Z H
A X A N A H N Y E G J B N Y C A F A U A N Z A
M Q R X W I D V I X O F P N M G N U E A Q Z R
F B S N D Z S N R D P I D Y T E Q B I P C E I
C A H C A G E H A F W R A F H M I Q S Y P Y N
F V A R O E X U G U Q W E R S E R X Q P K E G
V P R G R D L P Z P D Q V S M N L S V V G H G
W R I I X A W O L A W F N U S T N O F C W W Y
K K N N G N I L O O P R A C A L O G L F Q K I
X G G W Z M X R F B S P E E D C A M E R A S H
B U U P U E G M N K Z F E K K V G N A T X V Y
D O W P K I W Y D C A F T L E B T A E S F Q V
V Y J F O B N I Z B H K E S E P O A O F I O A
```

BIKESHARING
CARPOOLING
ROAD SAFETY
SEAT BELT
TRAFFIC ENGINEERING

BUS LANE
EXPRESS LANE
ROADWAY HAZARDS
SMART CITY
TRAFFIC ISLAND

CARSHARING
NO ENTRY
ROADWAY MARKINGS
SPEED CAMERA
TRAFFIC MANAGEMENT

# Rush Hour Traffic 9

```
R Y H X K O W C Z N G I S Y R T N E O N A
D M Q S R O A D S I D E R E S T A R E A K
Y N O I T A Z I N O R H C N Y S T R B K N
G O R S V N T A J A X M Z V E B V E H E R
N I O Y C K N W Q U R L S R M S K E W D O
I S A L W J Y R E N P H M G E J Z A L A A
T R D A A S E O G K Q N N R M X L D C D
U E S N P O M U K Q P J N N G F A U H I M
O V I A U S L K N S F Y J C E M X E G R A
R I G C O N S T R U C T I O N Z O N E R I
E D N I H T H I Z V R T B A C D X B T A N
R C A F P H Q Z L A U R I V Y W H P L B T
C I G F N S A B F V I R I N V B H V Y C E
I F E A E K H F M A T Z M E E E C M L I N
F F Z R B Z I J P S J U N R H D N S P F A
F A E T D C H E E Y H C X D I B M K S F N
A R X C N L R D O D Y G F D C Z F A P A C
R T Q O S D E B I C Y C L E L A N E S R E
T I I M A P O K X X Z G X Y E W K S V T Z
K S A O B B Y N S V I G F F P U Z G H E D
E T R K P K Y W K W M A P Z A X K L B K L
```

BICYCLE LANE
NO ENTRY SIGN
ROAD REPAIR
SYNCHRONIZATION
TRAFFIC DIVERSION

CONSTRUCTION ZONE
PEDESTRIAN MALL
ROAD SIGNAGE
TRAFFIC ANALYSIS
TRAFFIC NOISE

EMERGENCY VEHICLE
ROAD MAINTENANCE
ROADSIDE REST AREA
TRAFFIC BARRICADE
TRAFFIC REROUTING

# Rush Hour Traffic 10

```
I  R  O  A  D  S  I  D  E  A  S  S  I  S  T  A  N  C  E  K  Q  G  P
N  O  W  W  P  G  G  N  I  K  L  A  W  Y  A  J  H  G  N  G  G  D  N
M  X  K  V  E  P  I  A  K  Z  K  G  W  S  E  C  Y  I  O  N  V  Z  D
P  D  P  D  Y  A  A  C  E  S  B  Q  P  R  G  L  O  D  I  I  V  X  Z
D  Z  M  R  O  R  M  L  C  Z  M  E  U  K  B  E  I  V  T  D  F  I  I
D  H  U  A  J  K  S  X  X  K  E  S  L  S  F  S  I  N  A  E  S  B  Y
U  R  Q  U  Q  I  O  J  X  D  O  N  S  B  T  R  F  M  L  E  R  N  Z
I  Y  Y  G  G  N  B  X  L  L  C  I  H  R  D  C  X  U  O  P  Z  D  X
K  S  K  G  V  G  V  I  C  N  N  S  A  S  Z  N  S  H  I  S  O  U  P
B  B  U  N  J  V  M  D  G  H  X  C  S  G  Z  Q  X  G  V  J  H  S  Y
C  J  V  I  Q  I  A  K  T  C  T  E  W  Y  H  T  H  E  C  R  O  H  F
F  C  J  S  T  O  D  Y  U  E  L  I  R  E  M  O  D  X  I  P  W  J  S
C  M  R  S  R  L  M  U  D  K  V  V  D  B  Q  J  I  K  F  W  P  O  W
A  I  I  O  Q  A  D  D  C  Z  O  R  H  X  L  A  Y  Y  F  Q  R  D  A
M  G  A  R  I  T  R  E  E  J  I  P  C  B  F  L  Z  S  A  E  V  S  L
N  J  S  C  M  I  R  T  R  A  F  F  I  C  R  E  P  O  R  T  I  D  C
I  X  A  M  V  O  J  B  X  Y  X  W  B  N  R  A  H  Z  T  E  Z  W  I
B  W  P  I  N  N  O  P  A  S  S  I  N  G  Z  O  N  E  U  T  H  F
D  T  N  E  D  I  C  C  A  C  I  F  F  A  R  T  T  L  H  Z  B  B  F
O  G  Z  E  T  W  K  G  D  Z  U  S  Q  Y  H  G  D  X  E  J  P  Y  A
G  Q  N  B  L  L  S  C  H  O  O  L  B  U  S  K  X  Z  Y  O  D  S  R
K  Y  A  N  E  D  Z  N  E  V  B  F  G  C  N  J  F  K  W  L  G  O  T
L  E  J  Y  H  R  E  G  O  Y  R  L  X  A  E  R  Z  Z  S  G  R  E  G
```

CROSSING GUARD

NO PASSING ZONE

ROAD CLOSURE

SPEED LIMIT SIGN

TRAFFIC LAWS

DISTRACTED DRIVING

PARKING VIOLATION

ROADSIDE ASSISTANCE

SPEEDING

TRAFFIC REPORT

JAYWALKING

RECKLESS DRIVING

SCHOOL BUS

TRAFFIC ACCIDENT

TRAFFIC VIOLATION

# Queue the Music 1

```
C G U V A K Q A C T Z V R Q S H
C P X E Q X K U M P R G N O S O
Q A I H Q M U H X H U O T G T Q
Y L Q T I G A M W T T X R U P N
B K Q L C S H A I E T Y N R B O
A N D R O H C U P M K E H A C I
R N E B O A V I S F W Q M R K T
P M N Y E K H A R M O N Y P V I
P A X Q R A D X S Y Q E N H O S
S P L M M I T Z W Y L Y A C X O
U L D R N P I O S A U N T A N P
D V T V Z P C R C W Z A S D M M
S P L N Y R H S E D V S X Q Y O
H G M F U A C O M E L O D Y R C
A C V C A V T G U S S Q K A U A
X G Y U L T U G P O A Z X L L I
```

| | | |
|---|---|---|
| BEAT | CHORD | COMPOSITION |
| HARMONY | KEY | LYRICS |
| MELODY | NOTE | OCTAVE |
| PITCH | RHYTHM | SCALE |
| SONG | TEMPO | TUNE |

# Queue the Music 2

```
O F J S C R P E C Q Z F K Q U E
B Z C R Q H V S W J S M Y X F W
E C M W T R O T C U D N O C E W
T A B C O L U R U W O H Q L Z C
J O R T O L K I U D N A B J H O
S S R R W M X Z N S T M H X N M
Q O S C A T S B Q H E R J K M P
D K K N H N R S E S U V B Z F O
G L O R I E G G N T D C Q S S S
T P L B F M S E J Y V Q B W C E
V T X R H U I T M E M N M M R R
S G A I V R N T R E Z E H G I Z
R I Y D A T G S U A N R R S K R
N P S G Q S E J K N Y T P J V B
Z D L E X N R X K Y P J J Z W Z
X F M U S I C I A N G P F U P N
```

| | | |
|---|---|---|
| ARRANGEMENT | BAND | BRIDGE |
| CHORUS | COMPOSER | CONDUCTOR |
| DUET | ENSEMBLE | INSTRUMENT |
| MUSICIAN | ORCHESTRA | REFRAIN |
| SINGER | SOLO | VERSE |

# Life's A Puzzle 1

CAREER
FAMILY
LEISURE
SELF CARE
TECH
EDUCATION
FINANCES
LOVE
SOCIAL
TRAVEL
ATMOSPHERE
GROWTH
THE MIND
SPIRITUAL
WELLNESS

# Life's A Puzzle 2

ART
EQUALITY
IDENTITY
PURPOSE
SCIENCE
TALKING
GOALS
NUTRITION
STRENGTH
TIME
CULTURE
JOY
VALUES
RETIRE
SERVICE

# Life's A Puzzle 3

AGING
DIALOGUE
EMPATHY
PEACE
OUTDOORS
DREAMS
KINDNESS
FRIENDS
FOCUS
PASSIONS
ESTEEM
BUYING
MARRIAGE
NATURE
INTERNET

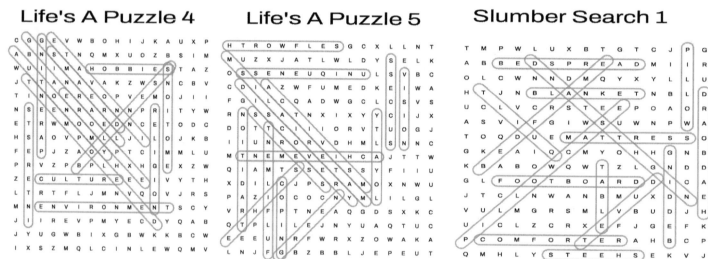

# Life's A Puzzle 4

BOLDNESS
DEVELOPMENT
EXPLORE
LEARNING
ENVIRONMENT
AUTONOMY
DREAMS
HOBBIES
PARENTING
RELIGION
CULTURE
EMOTIONS
INNOVATE
INTERESTS

# Life's A Puzzle 5

ACTIVISM
SUCCESS
FULFILMENT
UNIQUENESS
LOYALTY
GREEN
VISION
TRADITION
ACHIEVEMENT
MATERIALISM
STRESS
DISCOVERY
ETHICS
COPING
SELF WORTH

# Slumber Search 1

BEDDING
BLANKET
FOOTBOARD
NIGHTSTAND
QUILT
BEDFRAME
COMFORTER
HEADBOARD
PILLOW
SHEETS
BEDSPREAD
DUVET
MATTRESS
PILLOWCASE
TABLE

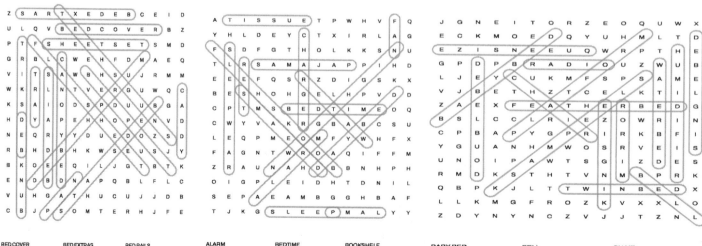

# Slumber Search 2

BED COVER
BED SLATS
BUNK BED
FLAT SHEET
SHEET SET
BED EXTRAS
BEDPOST
CADDY
MURPHY BED
SNUG SHEET
BED RAILS
BEDSKIRT
CANOPY BED
NAP
TRAY

# Slumber Search 3

ALARM
CHARGER
FAN
PAJAMAS
SLEEPWEAR
BEDTIME
DAYBED
LAMP
REST
TISSUE
BOOKSHELF
DREAMS
NIGHTGOWN
SLEEP
WATER

# Slumber Search 4

BABY BED
DOUBLE BED
KING SIZE
QUEEN SIZE
SLEEP MASK
BELL
FEATHERBED
MIRROR
RADIO
TWIN BED
CHAIR
HUMIDIFIER
PLATFORM
SINGLE BED
WATERBED

# Slumber Search 5

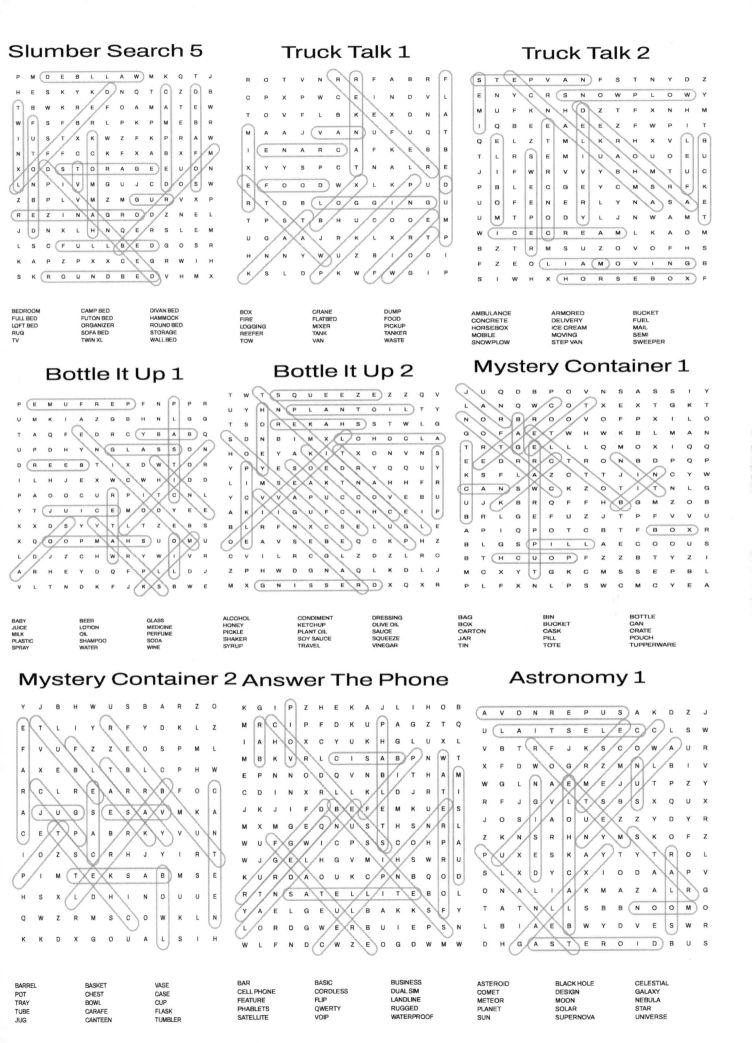

BEDROOM
FULL BED
LOFT BED
RUG
TV

CAMP BED
FUTON BED
ORGANIZER
SOFA BED
TWIN XL

DIVAN BED
HAMMOCK
ROUND BED
STORAGE
WALL BED

# Truck Talk 1

BOX
FIRE
LOGGING
REEFER
TOW

CRANE
FLATBED
MIXER
TANK
VAN

DUMP
FOOD
PICKUP
TANKER
WASTE

# Truck Talk 2

AMBULANCE
CONCRETE
HORSEBOX
MOBILE
SNOWPLOW

ARMORED
DELIVERY
ICE CREAM
MOVING
STEP VAN

BUCKET
FUEL
MAIL
SEMI
SWEEPER

# Bottle It Up 1

BABY
JUICE
MILK
PLASTIC
SPRAY

BEER
LOTION
OIL
SHAMPOO
WATER

GLASS
MEDICINE
PERFUME
SODA
WINE

# Bottle It Up 2

ALCOHOL
HONEY
PICKLE
SHAKER
SYRUP

CONDIMENT
KETCHUP
PLANT OIL
SOY SAUCE
TRAVEL

DRESSING
OLIVE OIL
SAUCE
SQUEEZE
VINEGAR

# Mystery Container 1

BAG
BOX
CARTON
JAR
TIN

BIN
BUCKET
CASK
PILL
TOTE

BOTTLE
CAN
CRATE
POUCH
TUPPERWARE

# Mystery Container 2

BARREL
POT
TRAY
TUBE
JUG

BASKET
CHEST
BOWL
CARAFE
CANTEEN

VASE
CASE
CUP
FLASK
TUMBLER

# Answer The Phone

BAR
CELL PHONE
FEATURE
PHABLETS
SATELLITE

BASIC
CORDLESS
FLIP
QWERTY
VOIP

BUSINESS
DUAL SIM
LANDLINE
RUGGED
WATERPROOF

# Astronomy 1

ASTEROID
COMET
METEOR
PLANET
SUN

BLACK HOLE
DESIGN
MOON
SOLAR
SUPERNOVA

CELESTIAL
GALAXY
NEBULA
STAR
UNIVERSE

# Astronomy 2

| | | | | | | | | | | | | | | | |
|D|P|P|X|D|P|Y|C|L|X|A|J|P|R|Q|
|F|X|P|O|X|T|N|Y|N|H|U|X|A|L|E|R|
|Y|O|I|S|F|Y|F|C|C|R|U|N|L|E|R|
|E|T|I|L|L|E|T|A|S|C|G|Y|H|I|M|
|U|T|I|H|I|A|S|T|R|O|N|A|U|T|I|
|V|W|I|X|A|F|N|L|G|Q|E|I|Z|G|N|
|X|K|X|Y|A|N|R|J|R|Y|E|F|T|W|C|
|S|S|U|H|S|O|G|S|Z|R|L|W|A|L|R|
|P|A|B|U|P|F|B|C|C|O|F|K|V|P|T|
|R|M|Y|B|A|F|I|O|W|T|Q|U|W|A|S|
|A|G|E|B|C|E|S|P|I|L|C|E|H|P|A|
|D|J|K|L|E|M|D|E|A|D|J|N|R|A|H|
|U|C|J|E|I|H|Z|V|S|Z|A|K|Q|P|U|
|U|L|B|C|S|Y|T|I|B|R|O|R|N|L|G|

ASTRONAUT COSMIC HUBBLE RADIO SPACE
ASTRONOMER ECLIPSE LIGHT YEAR SATELLITE SPACECRAFT
AU GRAVITY ORBIT SKYWATCH TELESCOPE

# Astronomy 3

BIG BANG COSMIC LUNAR RAYS SOLSTICE
BLUE SHIFT EQUINOX MILKY WAY REDSHIFT STELLAR
CLUSTER EXOPLANET PLANETARY SIDEREAL ZODIAC

# Cooking Challenge 1

BAKE BROIL FRY PEEL SIMMER
BLEND CHOP GRATE ROAST SLICE
BOIL DICE MIX SAUTÉ STIR

# Cooking Challenge 2

BRAISE GARNISH KNEAD PARBOIL SEASON
CARAMELIZE GLAZE MARINATE POACH STEAM
DEGLAZE GRILL MINCE REDUCE WHIP

# Cooking Challenge 3

BLANCH DREDGE GRIND PROOF STUFF
BRINE FERMENT INFUSE PUREE TEMPER
DEBONE FLAMBE MUDDLE SEAR ZEST

# Have Fun 1

AMUSE DANCE ENTERTAIN JOKE REJOICE
CELEBRATE DELIGHT EXCITE LAUGH SMILE
CHEER ENJOY FROLIC PLAY THRILL

# Have Fun 2

ADVENTURE FESTIVITY GLEE PLAY TIME RECREATION
ENTHUSIASM FUN LOVING MERRIMENT PLEASURE RELAX
EXPLORE GAMES PARTY POOL PARTY SUN BATHE

# City Lights 1

AVENUE DOWNTOWN METROPOLIS PEDESTRIAN SUBURB
BOULEVARD INTERSECTION MUNICIPALITY SKYLINE TRAFFIC
CITY TRAFFIC LANDMARK NEIGHBORHOOD STREET URBAN

# City Lights 2

CITY CENTER CITYSCAPE DISTRICT PARK SKYSCRAPER
CITY HALL CIVIC HIGHRISE PLAZA SQUARE
CITY NOISE COMMUNITY LOCAL PUBLIC SERVICES URBANIZATION

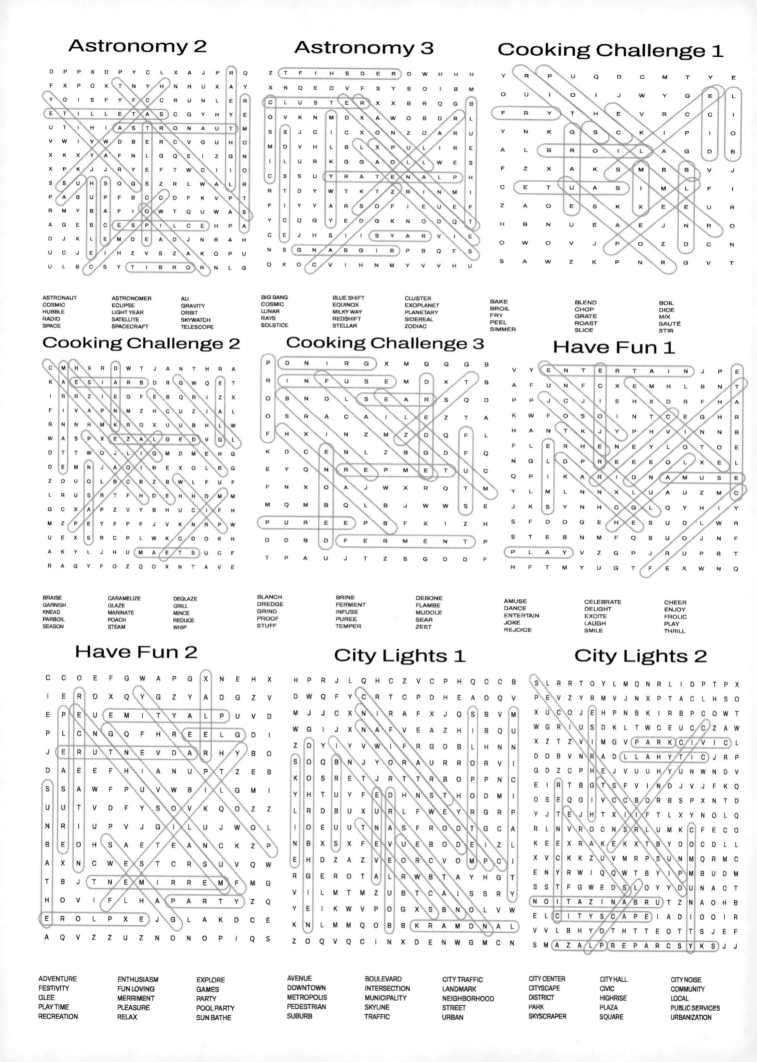

# New York City 1

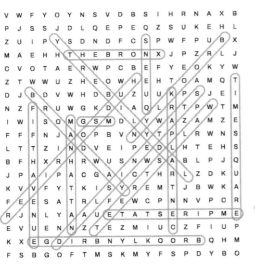

BROADWAY
CENTRAL PARK
HUDSON RIVER
MSG
THE BRONX

BROOKLYN
EMPIRE STATE
LADY LIBERTY
QUEENS
TIMES SQUARE

BROOKLYN BRIDGE
FIFTH AVENUE
MANHATTAN
STATEN ISLAND
WALL STREET

# New York City 2

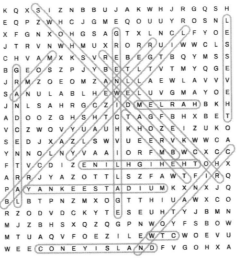

BARCLAYS CENTER
CONEY ISLAND
HARLEM
ROCKEFELLER
THE VESSEL

BROADWAY SHOWS
GRAND CENTRAL
LITTLE ITALY
THE HIGH LINE
WTC

CHINATOWN
GREENWICH VILLAGE
MOMA
THE MET
YANKEE STADIUM

# New York City 3

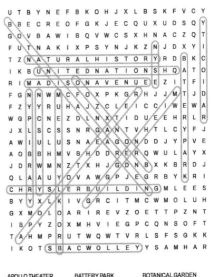

APOLLO THEATER
BRONX ZOO
GUGGENHEIM
NYC SUBWAY
RADIO CITY

BATTERY PARK
BROOKLYN MUSEUM
MADISON AVENUE
NYP LIBRARY
UNITED NATIONS HQ

BOTANICAL GARDEN
CHRYSLER BUILDING
NATURAL HISTORY
NYSE
YELLOW CABS

# The Big City 1

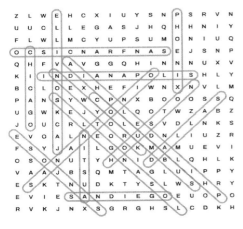

AUSTIN
DALLAS
JACKSONVILLE
PHILADELPHIA
SAN DIEGO

CHICAGO
HOUSTON
LOS ANGELES
PHOENIX
SAN FRANCISCO

COLUMBUS
INDIANAPOLIS
NEW YORK
SAN ANTONIO
SAN JOSE

# The Big City 2

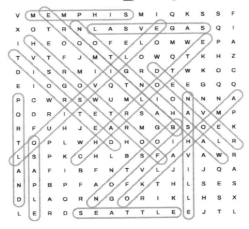

BALTIMORE
DENVER
FORT WORTH
MEMPHIS
PORTLAND

BOSTON
DETROIT
LAS VEGAS
NASHVILLE
SEATTLE

CHARLOTTE
EL PASO
LOUISVILLE
OKLAHOMA
WASHINGTON

# Have A Seat 1

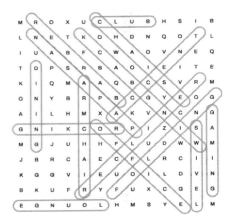

ACCENT
CHAISE
FOLDING
OFFICE
ROCKING

ARMCHAIR
CLUB
GAMING
PAPASAN
SWIVEL

BARBER
DINING
LOUNGE
RECLINER
WINGBACK

# Have A Seat 2

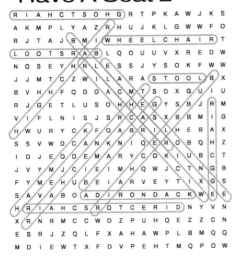

ADIRONDACK
BEAN BAG
EAMES LOUNGE
HAMMOCK
THRONE CHAIR

BALL CHAIR
BUBBLE CHAIR
EGG CHAIR
HIGH CHAIR
WHEELCHAIR

BAR STOOL
DIRECTORS CHAIR
GHOST CHAIR
STOOL
WICKER CHAIR

# Have A Seat 3

ACCENT
BUCKET
NESTING
ROCKING
THRONE

BARCELONA
CANTILEVER
PARSONS
SLING C
WINDSOR

BUBBLE CHAIR
MEDITATION
PEACOCK
TANDEM
ZERO GRAVITY

# Excursions 1

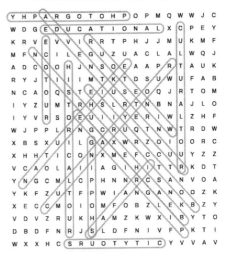

ADVENTURE TOUR
CITY TOURS
ECO TOUR
NATURE HIKE
SAFARI

BEACH EXCURSION
CULINARY TOUR
EDUCATIONAL
PHOTOGRAPHY
SHOPPING

BOAT CRUISE
CULTURAL TOUR
HISTORICAL TOUR
PILGRIMAGE
WINE TOUR

# Excursions 2

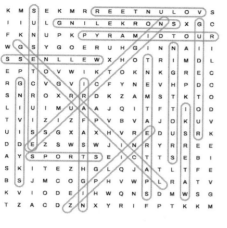

| | | |
|---|---|---|
| GEOGRAPHICAL | GUIDED TOUR | NIGHT CRUISE |
| NIGHT SAFARI | NIGHT TOURS | PYRAMID TOUR |
| SKYDIVING | SNORKELING | SPA TREATMENT |
| SPORTS | SUNSET CRUISE | VOLUNTEER |
| WATER SKI | WELLNESS | ZIP LINE |

# Theme Park 1

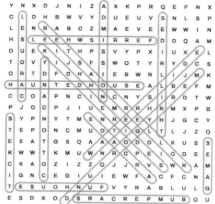

| | | |
|---|---|---|
| ADMISSION | ARCADE | BUMPER CARS |
| CAROUSEL | COTTON CANDY | FERRIS WHEEL |
| FUN HOUSE | GAMES | HAUNTED HOUSE |
| KIDDIE RIDES | MERRY GO ROUND | ROLLER COASTER |
| THRILL RIDES | TICKETS | WATER SLIDE |

# Theme Park 2

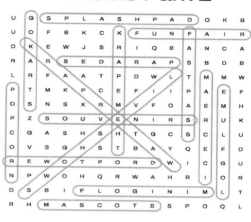

| | | |
|---|---|---|
| DROP TOWER | FAST PASS | FUNFAIR |
| GO KARTS | ICE CREAM | LIVE SHOWS |
| LOG FLUME | MASCOTS | MINI GOLF |
| PARADES | POPCORN | SOUVENIRS |
| SPLASH PAD | THEME PARK | WATER PARK |

# Workplace Buzz 1

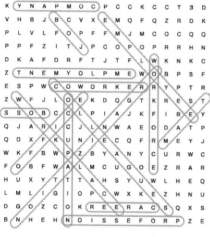

| | | |
|---|---|---|
| BOSS | CAREER | CO WORKER |
| COLLEAGUES | COMPANY | EMPLOYEE |
| EMPLOYMENT | JOB | OCCUPATION |
| OFFICE | ORGANIZATION | PROFESSION |
| TEAM | WORKFORCE | WORKPLACE |

# Workplace Buzz 2

| | | |
|---|---|---|
| BENEFITS | DEADLINE | DUTIES |
| PAYCHECK | PERFORMANCE | PROJECT |
| PROMOTION | RETIREMENT | ROLES |
| SALARY | SHIFT | SKILLS |
| TASKS | WORKDAY | WORKLOAD |

# Workplace Buzz 3

| | | |
|---|---|---|
| BALANCE | COLLABORATION | COMMUTE |
| CULTURE | ENVIRONMENT | FEEDBACK |
| FLEXIBILITY | MEETINGS | MOTIVATION |
| OVERTIME | PRODUCTIVITY | REMOTE WORK |
| TRAINING | WORKAHOLIC | WORKSTATION |

# Workplace Buzz 4

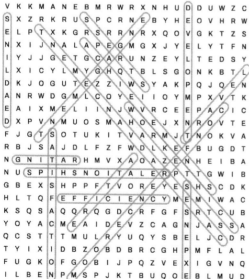

| | | |
|---|---|---|
| ACHIEVEMENTS | ATTIRE | CAREER ADVANCEMENT |
| CONFERENCE ROOM | DEADLINES | DEVELOPMENT |
| EFFICIENCY | ENGAGEMENT | EXPENSES |
| RATING | RELATIONSHIPS | SATISFACTION |
| STRESS | TRAVEL | WORK ETHICS |

# Workplace Buzz 5

| | | |
|---|---|---|
| CELL PHONE | CHALLENGES | COMMUNICATIONS |
| CONFERENCE ROOM | EMAILS | GOALS |
| HR | IT | KEYBOARD |
| LAP TOP | LOG IN | MANAGEMENT |
| OPPORTUNITIES | PROJECTS | VPN |
| DECISIONS | | |

# Knot So Simple

| | | |
|---|---|---|
| BOXER BRAIDS | CROWN BRAID | DUTCH BRAID |
| FEATHER BRAID | FISHTAIL BRAID | FRENCH BRAID |
| GODDESS | HALO BRAID | LACE BRAID |
| MILKMAID | PULL THROUGH | ROPE BRAID |
| SNAKE BRAID | THREE STRAND | WATERFALL |

# Crafty Fingers 1

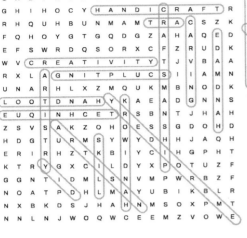

| | | |
|---|---|---|
| ART | ARTISAN | ARTISTRY |
| CARVING | CRAFTSMANSHIP | CREATIVITY |
| DIY | EMBROIDERY | HAND TOOL |
| HANDICRAFT | HANDIWORK | HANDMADE |
| SCULPTING | SKILL | TECHNIQUE |

# Crafty Fingers 2

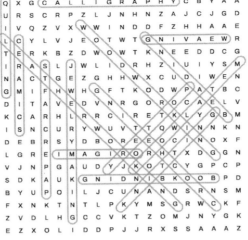

| | | |
|---|---|---|
| BEADING | BOOKBINDING | CALLIGRAPHY |
| CERAMICS | CROCHETING | JEWELRY MAKING |
| KNITTING | LEATHERWORKING | METALWORK |
| ORIGAMI | PAPER CRAFTS | POTTERY |
| QUILTING | WEAVING | WOODWORKING |

# Crafty Fingers 3

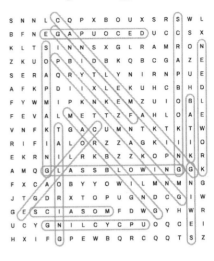

| | | |
|---|---|---|
| BATIK | CANDLE MAKING | COLLAGE |
| DECOUPAGE | FELTING | GLASSBLOWING |
| MARBLING | MOSAICS | NEEDLEWORK |
| PRINTMAKING | SCRAPBOOKING | SEWING |
| SOAP MAKING | TAILORING | UPCYCLING |

# Crafty Fingers 4

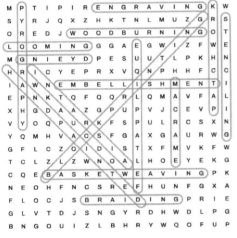

| | | |
|---|---|---|
| BASKET WEAVING | BLOCK PRINTING | BRAIDING |
| DYEING | EMBELLISHMENT | ENGRAVING |
| FELT APPLIQUE | HAND PAINTED | INTARSIA |
| LOOMING | MACRAME | PATCHWORK |
| PYROGRAPHY | STENCILING | WOODBURNING |

# Pen to Paper 1

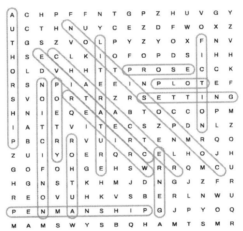

| | | |
|---|---|---|
| AUTHOR | AUTHORSHIP | CHARACTER |
| COMPOSITION | CREATIVE | FICTION |
| GENRE | LITERATURE | NONFICTION |
| PENMANSHIP | PLOT | POETRY |
| PROSE | SETTING | WRITER |

# Pen to Paper 2

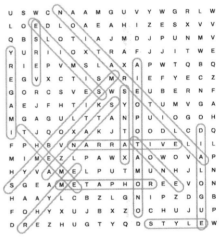

| | | |
|---|---|---|
| ALLITERATION | DIALOGUE | IMAGERY |
| METAPHOR | NARRATIVE | ONOMATOPOEIA |
| RHYME | SIMILE | STANZA |
| STYLE | SYMBOLISM | SYNTAX |
| THEME | TONE | VERSE |

# Pen to Paper 3

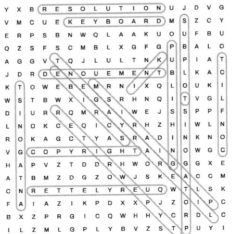

| | | |
|---|---|---|
| DRAFT | EDITING | EXPOSITION |
| GRAMMAR | MANUSCRIPT | PARAGRAPH |
| PHRASING | POINT OF VIEW | PROOFREADING |
| PUNCTUATION | REDRAFTING | REVISION |
| SENTENCE | VOICE | WORD |

# Pen to Paper 4

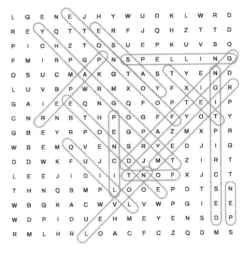

| | | |
|---|---|---|
| ANTAGONIST | CONFLICT | COPYRIGHT |
| DENOUEMENT | INK | KEYBOARD |
| LITERARY AGENT | PLAGIARISM | PROTAGONIST |
| PUBLISHING | QUERY LETTER | RESOLUTION |
| SCRIBE | SUBPLOT | TYPEWRITER |

# Pen to Paper 5

| | | |
|---|---|---|
| ESSAY | DRAFTING | ENDNOTE |
| FONT | FOOTNOTE | TYPOGRAPHY |
| SPELLING | PAPER | PEN |
| PENCIL | QUILL | TEXT |
| DESCRIPTION | MEMOIR | NOVEL |

# Pen to Paper 6

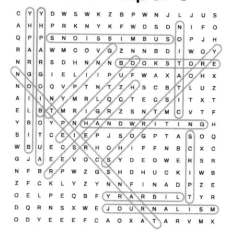

SHORT STORY
JOURNALISM
CITATION
BOOKSTORE
HANDWRITING

AUTOBIOGRAPHY
OUTLINE
BIBLIOGRAPHY
LIBRARY
SCRIPT

BIOGRAPHY
RESEARCH
SUBMISSIONS
TYPING
TRANSCRIPTION

# On Your Mark 1

ATHLETE
JOGGING
RACE
SNEAKERS
TRACK

ENDURANCE
MARATHON
RUNNER
SPRINTING
TRAINING

FIELD
PACE
SHOES
STAMINA
TREADMILL

# On Your Mark 2

AGILITY
DISTANCE
INTERVAL
SPEED
STRIDE

COOLDOWN
FINISH LINE
LONGDISTANCE
STARTING LINE
TRAIL RUNNING

CROSSCOUNTRY
HILL RUNNING
SHORTDISTANCE
STRETCHING
WARM UP

# On Your Mark 3

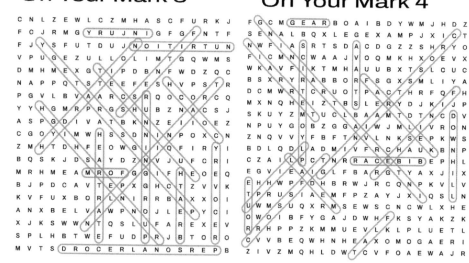

BREATH
FORM
INJURY
PERSONAL RECORD
RUNNING GROUP

COACH
HEART RATE
NUTRITION
RECOVERY
TECHNIQUE

FITNESS
HYDRATION
PACING STRATEGY
RUNNERS HIGH
TRAINING PLAN

# On Your Mark 4

CROSS TRAINING
FARTLEK
GEAR
PLYOMETRICS
STRAVA

CROSSFIT
FINISHER
INTERVAL TRAINING
RACE BIB
TERRAIN

DOWNHILL
FLAT
MEDAL
ROUTE
UPHILL

# On Your Mark 5

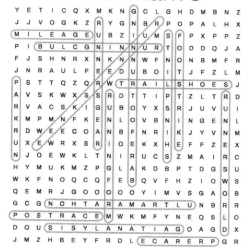

RUNNING FORM
TRAIL SHOES
RUNNING CLUB
FOOTSTRIKE
MILEAGE

RUNNERS KNEE
BAREFOOT RUNNING
PARKRUN
RUNNERS GEAR
PRE RACE

SHIN SPLINTS
GAIT ANALYSIS
ULTRA MARATHON
RUNNERS WORLD
POST RACE

# On Your Mark 6

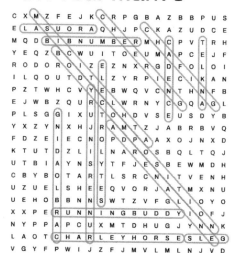

ADRENALINE
ATHLETICISM
CADENCE
CHARLEY HORSE
GELS

ANKLET
BIB NUMBER
CARB LOADING
CHEERING
RUNNERS INJURY

AROUSAL
BODY COMPOSITION
CHAFING
ELECTROLYTES
RUNNING BUDDY

# On Your Mark 7

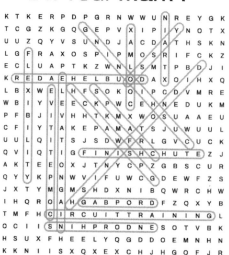

CIRCUIT TRAINING
CRAMPS
DOUBLE HEADER
ENDORPHINS
GPS WATCH

COMPETITIVE
CUSHIONING
DROP BAG
FINISH CHUTE
X TRAIN

COOLMAX
DID NOT FINISH
ELEVATION GAIN
FLEXIBILITY
YASSO

# On Your Mark 8

HAMSTRING
INCLINE
LACTIC ACID
LEAD RUNNER
MAF

HURDLES
IT BAND
LANEY JOGGER
LEAN
MICROSPIKES

HYDRATION PACK
KICK
LAPS
LUMBAR SUPPORT
OVERPRONATION

# On Your Mark 9

PERSONAL RECORD • PODIATRIST • PRE RACE JITTERS
RICE • ROAD RACE • RUNNING SHOES
SETBACK • SHOE LACES • SOCK LINERS
SPIKES • STITCHES • STRIDES
TEMPO RUN • TIMING CHIP • TRACK AND FIELD

# Seascape 1

ANDAMAN SEA • ARABIAN SEA • BERING SEA
CARIBBEAN • CASPIAN SEA • GULF OF MEXICO
JAVA SEA • MEDITERRANEAN • NORTH SEA
PHILIPPINE SEA • RED SEA • SEA OF JAPAN
SOUTH CHINA SEA • TASMAN SEA • TIMOR SEA

# Seascape 2

SARGASSO SEA • BLACK SEA • AEGEAN SEA
BALTIC SEA • CORAL SEA • EAST CHINA SEA
EAST SIBERIAN SEA • NORWEGIAN SEA • SEA OF CORTEZ
SEA OF CRETE • SEA OF GALILEE • GREENLAND SEA
IONIAN SEA • IRISH SEA • KARA SEA

# Seascape 1

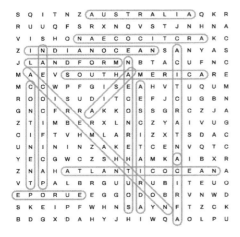

ADRIATIC SEA • AFRICA • ANTARCTICA
ARCTIC OCEAN • ASIA • ATLANTIC OCEAN
AUSTRALIA • CONTINENT • EUROPE
INDIAN OCEAN • LANDFORM • NORTH AMERICA
PACIFIC OCEAN • SOUTH AMERICA • SOUTHERN OCEAN

# Seascape 2

ATLAS • CARTOGRAPHY • CLIMATE
ELEVATION • EQUATOR • GLOBE
HEMISPHERE • LATITUDE • LONGITUDE
MAP • PRIME MERIDIAN • RIFT VALLEY
RIVER BASIN • TERRAIN • TOPOGRAPHY

# Map Quest 1

BIOME • CANYON • DESERT
EARTHQUAKE • ECOSYSTEM • HILL
LAKE • MOUNTAIN • OASIS
PLAIN • PLATE TECTONICS • RIVER
VALLEY • VOLCANO • WEATHER

# Geography Trivia 1

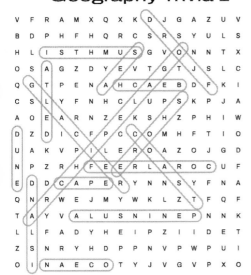

ARCHIPELAGO • BEACH • CAPE
COAST • CORAL REEF • DELTA
DUNE • FJORD • GLACIER
ISLAND • ISTHMUS • OCEAN
PENINSULA • SEA • SHORE

# Geography Trivia 2

CAPITAL • CITY • ESTUARY
POPULATION • RAIN SHADOW • RAINFOREST
RURAL • SAVANNAH • SETTLEMENT
STEPPE • TOWN • TUNDRA
URBAN • VILLAGE • WETLAND

# Geography Trivia 3

BOUNDARY • COUNTRY • CULTURE
ETHNICITY • LANGUAGE • NATION
PHYSICAL MAP • POLITICAL MAP • POPULATION DENSITY
PROVINCE • REGION • RELIEF MAP
RELIGION • STATE • TERRITORY

# Geography Trivia 4

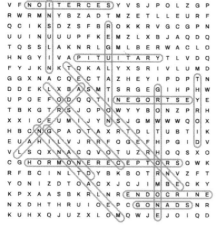

SCALE
SPATIAL ANALYSIS
ROCK FORMATION
TIDAL
ZOOGEOGRAPHY
SETTLEMENT PATTERNS
STRAIT
TEMPERATURE
TIME ZONE
VOLCANISM
SOCIAL GEOGRAPHY
SUBCONTINENT
TERRITORIAL WATERS
TOPOGRAPHIC MAP
WATERSHED

# Geography Trivia 5

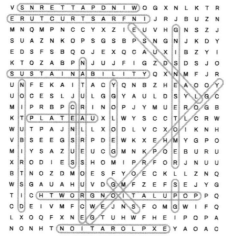

CENSUS
GEOMORPHOLOGY
INFRASTRUCTURE
PLATEAU
REMOTE SENSING
EXPLORATION
GIS
LAND USE
DISTRIBUTION
SUSTAINABILITY
GEOLOGY
GPS
NATURAL RESOURCE
POPULATION GROWTH
WIND PATTERNS

# Geography Trivia 6

GEOCACHING
GEOTOURISM
LONGITUDE LINES
MAP PROJECTION
MONUMENT
GEODESY
GLACIAL
MAGNETIC FIELD
MERIDIAN
OROGRAPHIC
GEOTHERMAL
LATITUDE LINES
MAGNETIC NORTH
MIGRATION
PHYSICAL FEATURES

# Geography Trivia 7

ADRENAL
ESTROGEN
GROWTH HORMONE
MELATONIN
SECRETION
CORTISOL
GLAND
HORMONE RECEPTORS
PITUITARY
TESTOSTERONE
ENDOCRINE
GONADS
INSULIN
REGULATION
THYROID

# Endocrine Express 1

ADIPONECTIN
EPINEPHRINE
LEPTIN
PANCREAS
PROLACTIN
ANDROGENS
GHRELIN
NOREPINEPHRINE
PARATHYROID
SEROTONIN
DOPAMINE
HYPOTHALAMUS
OXYTOCIN
PROGESTERONE
VASOPRESSIN

# Endocrine Express 2

ADH
BRADYKININ
FSH
MSH
SOMATOSTATIN
ANGIOTENSIN
CALCITONIN
GLUCAGON
PARATHYROID
THYMOSIN
ANP
CHOLECYSTOKININ
ICSH
RENIN
TSH

# Endocrine Express 3

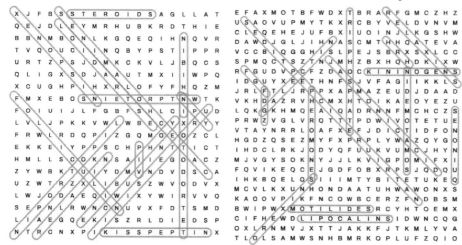

CATECHOLAMINES
INHIBIN
NPY
TETRODOTOXIN
WNT PROTEINS
ESTRADIOL
KISSPEPTIN
RELAXIN
UROTENSIN II
XENOPSIN
FOLLICULIN
LIPOTROPIN
STEROIDS
VIP
YOHIMBINE

# Endocrine Express 4

FGF
TRISPHOSPHATE
LIPOCALINS
OREXINS
RELAXINS
GALECTIN
JASMONIC ACID
MOTILIDES
PHEROMONES
SOMATOMEDIN
HRH
KININOGENS
NATRIURETIC PEPTIDES
QUINONES
ZGDF

# Endocrine Express 5

AMELOGENIN
ECDYSTEROIDS
HCG
JUVENILE HORMONES
MATRIPTASE
BOMBESIN
FSDF
HEPCIDIN
KLOTHO
NESFATIN
DOLICHOL
GALANIN
ILP
LACTOGEN
ONCOSTATIN M

## Endocrine Express 6

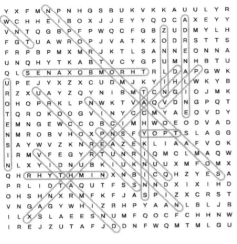

ADRENALINE
RHYTHMIN
THROMBOXANES
VGLP
XANTHURENIC ACID

PANKININ
SOMATOMAMMOTROPIN
UROCORTINS
VITAMIN D
YOPT

QUIESCIN
TACHYKININS
UROTENSIN
WNT
ZONULIN

## Endocrine Express 7

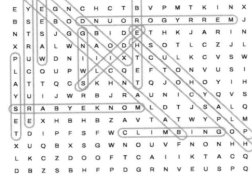

BALANCING BEAM
JUNGLE GYM
PLAY STRUCTURE
SANDBOX
SWING

CLIMBING
MERRYGOROUND
PLAYHOUSE
SEESAW
TETHERBALL

HOPSCOTCH
MONKEY BARS
PLAYSET
SLIDE
TRAMPOLINE

## Swinging & Sliding 1

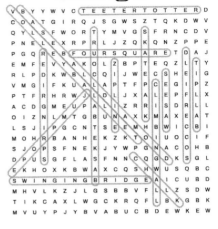

BALL PIT
CHALK
JUMP ROPE
SOCCER FIELD
TEETERTOTTER

BASEBALL DIAMOND
CLIMBING WALL
SEESAW
SPRING RIDER
VOLLEYBALL NET

BASKETBALL COURT
FOUR SQUARE
SKATEPARK
SWINGING BRIDGE
ZIP LINE

## Swinging & Sliding 2

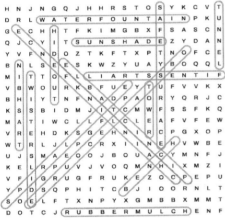

BENCH
HIDEOUT
RUBBER MULCH
SUNSHADE
TUNNEL

CHAIN LINK FENCE
OBSTACLE COURSE
SAFETY SURFACE
TOWER
TWISTER SLIDE

FITNESS TRAIL
PICNIC TABLE
SPIRAL SLIDE
TRASH BIN
WATER FOUNTAIN

## Swinging & Sliding 3

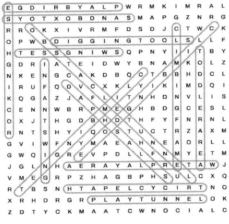

CLIMBING DOME
DIGGING TOOLS
PLAY BRIDGE
SANDBOX TOYS
TODDLER AREA

CLIMBING FRAME
INFANT SWING
PLAY TUNNEL
SPLASH PAD
TRICYCLE PATH

CLIMBING NET
OBSTACLE TUNNEL
ROCKING HORSE
SWINGS SET
WATER PLAY AREA

## Swinging & Sliding 4

BABY SWING
CHAIN LADDER
HANGING RINGS
ROPE LADDER
SPINNER

BALANCE BOARD
GRASSY FIELD
PICNIC AREA
RUNNING TRACK
SPRING TOYS

BENCH SWING
HANDRAILS
ROLLING LOG
SHADE STRUCTURE
TIRE SWING

## Swinging & Sliding 5

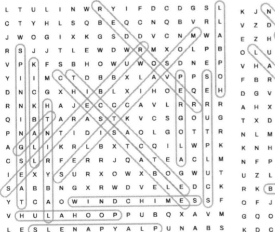

CHESS TABLE
KICKBALL
PERGOLA
RUBBER TILES
TAG

HOP BALL
LABYRINTH
PLAY PANELS
SCULPTURES
TICTACTOE

HULA HOOP
MOSAIC TILES
RED ROVER
SPINNING SEAT
WIND CHIMES

## Swinging & Sliding 6

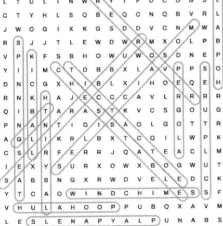

BICYCLE
CROSSWALK
LANE
ROAD
STREET

BUS
HIGHWAY
MOTORCYCLE
SIDEWALK
TRUCK

CAR
INTERSECTION
PEDESTRIAN
SIGNALS
VEHICLE

## Rush Hour Traffic 1

COMMUTE
DETOUR
LANE CLOSURE
SPEED LIMIT
TRAFFIC JAM

CONGESTION
ENTRANCE RAMP
MERGE
STOP SIGN
TRAFFIC LIGHT

CONSTRUCTION
EXIT
RUSH HOUR
TOLL BOOTH
YIELD SIGN

# Rush Hour
## Traffic 2

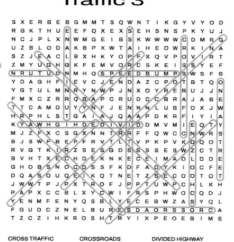

| BRIDGE | CURB | HANDICAP PARKING |
| MEDIAN | NO PARKING | OVERPASS |
| PARALLEL PARKING | PARKING | PARKING GARAGE |
| PARKING LOT | PAVEMENT | ROUNDABOUT |
| SHOULDER | TUNNEL | UNDERPASS |

# Rush Hour
## Traffic 3

| CROSS TRAFFIC | CROSSROADS | DIVIDED HIGHWAY |
| EXPRESSWAY | FREEWAY | ONEWAY STREET |
| PEDESTRIAN BRIDGE | PEDESTRIAN CROSSING | PEDESTRIAN |
| SCHOOL ZONE | SPEED BUMP | TRAFFIC CIRCLE |
| TURNING LANE | TWOWAY STREET | UTURN |

# Rush Hour
## Traffic 4

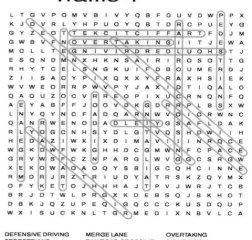

| DEFENSIVE DRIVING | MERGE LANE | OVERTAKING |
| PEDESTRIANS | RAILROAD CROSSING | RIGHT OF WAY |
| ROAD RAGE | ROAD SIGN | ROADWORK |
| SHOULDER DRIVING | TAILGATING | TRAFFIC ENFORCEMENT |
| TRAFFIC POLICE | TRAFFIC TICKET | YIELD |

# Rush Hour
## Traffic 5

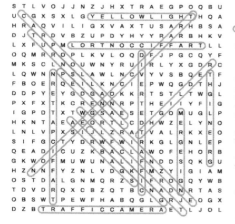

| AIRBAGS | CARPOOL LANE | DIVERTED TRAFFIC |
| GREEN LIGHT | J WALKING | MERGE SIGN |
| PEDESTRIAN ZONE | RED LIGHT | TRAFFIC CAMERA |
| TRAFFIC CONGESTION | TRAFFIC CONTROL | TRAFFIC FLOW |
| TRAFFIC PATTERN | TURN SIGNAL | YELLOW LIGHT |

# Rush Hour
## Traffic 6

| DATA ANALYSIS | EMERGENCY KIT | FLASHING LIGHTS |
| NO U TURN | OVERTAKING LANE | PARKING METER |
| ROADSIDE MAINTENANCE | SIREN | TOLL ROAD |
| TRAFFIC ADVISORY | TRAFFIC BACKUP | TRAFFIC FINES |
| TRAFFIC MODELING | TRAFFIC OFFICER | TRAFFIC SIMULATION |

# Rush Hour
## Traffic 7

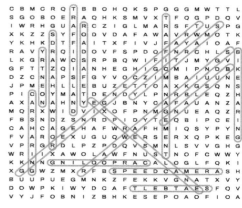

| BIKESHARING | BUS LANE | CARSHARING |
| CARPOOLING | EXPRESS LANE | NO ENTRY |
| ROAD SAFETY | ROADWAY HAZARDS | ROADWAY MARKINGS |
| SEAT BELT | SMART CITY | SPEED CAMERA |
| TRAFFIC ENGINEERING | TRAFFIC ISLAND | TRAFFIC MANAGEMENT |

# Rush Hour
## Traffic 8

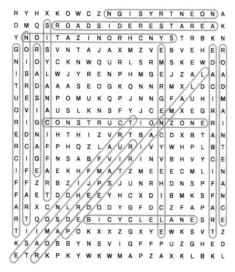

| BICYCLE LANE | CONSTRUCTION ZONE | EMERGENCY VEHICLE |
| NO ENTRY SIGN | PEDESTRIAN MALL | ROAD MAINTENANCE |
| ROAD REPAIR | ROAD SIGNAGE | ROADSIDE REST AREA |
| SYNCHRONIZATION | TRAFFIC ANALYSIS | TRAFFIC BARRICADE |
| TRAFFIC DIVERSION | TRAFFIC NOISE | TRAFFIC REROUTING |

# Rush Hour
## Traffic 9

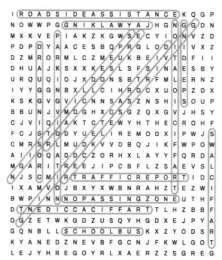

| CROSSING GUARD | DISTRACTED DRIVING | JAYWALKING |
| NO PASSING ZONE | PARKING VIOLATION | RECKLESS DRIVING |
| ROAD CLOSURE | ROADSIDE ASSISTANCE | SCHOOL BUS |
| SPEED LIMIT SIGN | SPEEDING | TRAFFIC ACCIDENT |
| TRAFFIC LAWS | TRAFFIC REPORT | TRAFFIC VIOLATION |

# Queue the Music 1

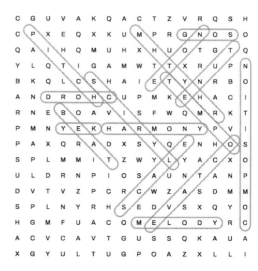

| BEAT | CHORD | COMPOSITION |
| HARMONY | KEY | LYRICS |
| MELODY | NOTE | OCTAVE |
| PITCH | RHYTHM | SCALE |
| SONG | TEMPO | TUNE |

Made in the USA
Middletown, DE
23 January 2024

48086478R00064